科学计量与知识图谱系列丛书

引文网络分析与可视化

Analysis and Visualization of Citation Networks

Dangzhi Zhao，Andreas Strotmann
（加）赵党志　（德）安德烈亚斯·斯特罗特曼　著
李杰　王磊　李慧杰　译
魏瑞斌　审译

首都经济贸易大学出版社
Capital University of Economics and Business Press
·北京·

图书在版编目(CIP)数据

引文网络分析与可视化/(加)赵党志(Dangzhi Zhao),(德)安德烈亚斯·斯特罗特曼(Andreas Strotmann)著;李杰,王磊,李慧杰译. --北京:首都经济贸易大学出版社,2020.12

ISBN 978-7-5638-2974-3

Ⅰ.①引… Ⅱ.①赵… ②安… ③李… ④王… ⑤李…

Ⅲ.①引文分析 Ⅳ.①G250.252

中国版本图书馆 CIP 数据核字(2020)第 039971 号

著作权合同登记号

图字:01-2018-1361 号

引文网络分析与可视化

赵党志　安德烈亚斯·斯特罗特曼　著

李杰　王磊　李慧杰　译

魏瑞斌　审译

YINWEN WANGLUO FENXI YU KESHIHUA

责任编辑	晓　红
封面设计	风得信·阿东 FondesyDesign
出版发行	首都经济贸易大学出版社
地　　址	北京市朝阳区红庙(邮编 100026)
电　　话	(010)65976483　65065761　65071505(传真)
网　　址	http://www.sjmcb.com
E-mail	publish@cueb.edu.cn
经　　销	全国新华书店
照　　排	北京砚祥志远激光照排技术有限公司
印　　刷	北京建宏印刷有限公司
开　　本	710 毫米×1000 毫米　1/16
字　　数	242 千字
印　　张	13.5
版　　次	2020 年 12 月第 1 版　2020 年 12 月总第 1 次印刷
书　　号	ISBN 978-7-5638-2974-3
定　　价	58.00 元

译者序

引文网络分析是科学计量领域的核心方向之一，旨在通过研究参考文献被引用的网络特征，来探索科学发展的特征和规律，进而为科学研究、技术创新、科技评价等科技活动服务。虽然在科学计量领域的著作中，会或多或少地涉及一些对引文网络的概念和方法的介绍，但目前仍然缺少对引文网络分析系统、深入而全面的介绍。《引文网络分析与可视化》一书就是在此背景下产生的，首部为专业领域学者详细介绍引文网络与可视化理论、技术与方法的学术著作，并兼具理论与实践价值。原书的作者 Dangzhi Zhao 和 Andreas Strotmann 是科学计量学领域的知名学者，他们在科学计量与引文分析领域有长达十年的合作。这本《引文网络分析与可视化》是他们在引文网络分析与可视化方面研究的系统总结和高度浓缩，对有志于从事引文网络分析与可视化研究的学者有极大的帮助。

《引文网络分析与可视化》共分为 5 章，第 1 章和第 2 章由辽宁工程技术大学李杰博士翻译，这两章是进行引文网络分析与可视化的核心知识，对引文分析的基础概念和相关应用以及引文网络分析的详细步骤进行了详细介绍。第 3 章和第 4 章由来自上海体育学院的王磊博士翻译，重点对数据分析过程中存在的一些关键问题进行了讨论，包括引文分析的领域界定与进行分析研究的数据源以及引文分析中数据的消歧。第 5 章由吉林大学李慧杰博士翻译，该章对引文网络的可视化进行了系统的概括以及案例演示，是进行引文网络可视化分析的关键。全书由李杰博士统稿和校译，并由安徽财经大学的魏瑞斌教授审译。我们相信，《引文网络分析与可视化》一书一定能给从事相关研究的学者带来帮助。

最后，在本书的翻译中难免会出现一些疏漏，请各位读者多多指正。

译者
2020 年 11 月

摘要

引文分析（citation analysis）是对科学文献参考模式的探索，已被应用于影响力分析、知识流和知识网络等多个社会科学领域的研究中。其在信息科学应用中也具有重要地位，特别是在知识表示和信息检索领域中。

近年来，引文分析引起了越来越多研究者的兴趣，该方法有助于解决研究、管理或信息服务等领域的问题，如大学排名、研究评估或知识领域可视化。人们对引文分析不断增长的兴趣来源于数字化书目数据的可用性和可获得性及相关计算技术的发展。前者提供了大量的数据，而后者则是研究人员进行新类型大规模引文分析的必要工具，即使其没有对特殊数据采集的特殊访问权限。引文分析正以这种方式在很多方面出现了令人兴奋的进展。

本书批判性地研究了引文网络分析和可视化的理论和实践技术，它是引文分析的两种主要类型之一（另一种是评价性引文分析）。为了确定主题背景，本书首先讨论了引文分析的基础，其中包括对引文分析能做什么和不能做什么的概述（第 1 章）。接着对引文网络分析常用的步骤和程序进行了深入的研究，包含了与每个步骤相关的概念和技术（第 2 章）。然后审查了引文网络分析中个别特别重要的问题，即：引文分析中的领域界定和数据来源（第 3 章），姓名和参考文献的消歧（第 4 章），以及引文网络的可视化（第 5 章）。每章都提供了详细的技术细节。因此本书可以作为读者进行引文网络分析和可视化研究的实用指南。

虽然本书中大多数主题的讨论适用于两种类型的引文分析，但是本书所涉及的文本结构以及程序、实例和工具的细节都是面向引文网络分析而不是评价性引文分析。这种有意识的选择是基于作者的观察，与评价性引文分析相比，引文网络分析还没有被专门的书籍系统讨论过。引文网络分析不仅没有受到与评价性引文分析同样严厉的批评，而且近年来已经被网络科学、社会网络分析或信息可视化等研究领域的新理论和新技术大大丰富了。

关键词

引文分析，引文网络分析，引文数据源，引文分析消歧，引文网络可视化，共被引分析，文献耦合分析，文献计量

目录

1

引文分析基础

1.1 引言

引文分析是一种众所周知的文献分析技术，长期以来已经被应用于各个研究领域，包括了知识流（knowledge flows），思想的扩散（diffusion of ideas），知识结构（intellectual structures），信息资源（information resources）的相关性以及研究人员和研究机构的评估（evaluation）等方面。引文分析方法在社会学、科学史、图书情报学、管理学和政策领域的应用最为广泛。引文索引（citation indexing）、引文链接（citation linking）和引文分析为有效的信息检索提供了基础，它们在网络链接中的应用成为谷歌（Google）搜索引擎成功的核心。

近年来，引文分析引起了人们越来越浓厚的兴趣，它可以帮助人们解决各种研究、管理以及信息服务（information service）问题，诸如大学排名（university rankings）、研究评估和知识领域可视化（knowledge domain visualization）等。这种复兴是因为，越来越多的数字引文数据和计算能力的提升使大规模的引文分析研究成为可能。这些变化直接促进了在数据源，以及引文数据收集、分析、可视化的技术和工具方面许多令人兴奋的新进展。

本章将介绍引文和引文分析的概念，考察引文分析的基本假设，并概述了引文分析可以做什么（以及为什么），引文分析的优点和缺点，以及应用引文分析时需要注意的问题。基于这些论述，在本章末尾将讨论本书的研究范围和结构。

1.2 什么是引文分析？

参考文献是研究型论文的重要组成部分。在当前论文中列出先前的研究论文，反映这些被参考的论文以某种方式影响了当前论文。参考文献将当前论文与以前的论文连接起来，并进一步延伸到全局的研究论文网络中。通常认为，引文代表了施引作者对引用作品的使用，并指出引用作品对新作品的影响，以及从被引（cited）论文作者到施引（citing）论文作者之间的知识流动。引用也表征了这两项工作之间的关联性（比如，有相似的主题或方法）。

引文分析可以对这些文献的使用和关系进行研究。尽管个人的使用和关系可以比较容易地进行检查，但引文分析主要是通过使用大型数据集来提供宏观观点，来探索大量施引作者之间关于学者与学术作品的影响以及它们之间关系的共识。

基于引文分析的基本假设，参考文献表明引用的有用性（usefulness）或相关性（relateness）。多年来，不同类型的引文分析得到了长足发展，并被应用到科学研究和学术交流过程中。然而，基本假设本身在文献分析中也受到了挑战。在开始讨论这些批评和挑战之前，我们将首先讨论引文分析的应用。

在这里，我们需要注意术语的使用。对于术语“引用”（citation）而言，通过上下文提供的语境，引用（citation）或参考（reference）之间在使用上是可以互换的。同样，作者进行引用的概念被称为引用行为（citing behavior）或参考行为（referencing behavior）。当文章 A 引用文章 B 时，通常可以说成 A 引用（cites）B 或者参考（references）B，B 被 A 引用（B is cited by A），B 获得了来自 A 的引用或者 B 是 A 的被引文献（cited references）。从本质上讲，A 文献对 B 文献的参考等价于 B 从 A 获得的引用。

“引用”（citation）和“参考”（reference）这两个术语当然也被用于与引文分析没有直接关系的其他语境中。例如，在图书馆和信息研究领域，“reference librarians”（参考馆员）是指图书馆员回答用户有关图书馆和图书馆资源的使用问题；同样地，引文数据或数据库可能与书目数据（bibliographic data）或数据库相同，通常只包括施引文献的信息，例如标题、作者、摘要等，并且可能包括也可能不包括任何关于引用的参考文献的信息。

1.3 我们能用引文分析做些什么，以及为什么？

一般来说，引文分析可以有效地帮助研究者发现新知识，以及管理和利用现有的知识资源（Garfeld，1979；Swanson，1986；Small，1999b；White 等，2000）。特别地，引文分析可以用于：

（1）评估信息资源和评价学术贡献；

（2）利用领域图谱研究知识结构；

（3）跟踪知识流动和思想扩散；

（4）研究用户及用户对学术文献的使用；

（5）辅助信息组织、表征及检索。

所有这些引文分析的应用都依赖于大量施引作者（citing authors）对这些出版物参考文献列表中记录的学者和学术作品之间影响和关系的共识。然而，在一些领域，例如序号（3）（4）（5）的应用，也经常涉及对单个参考关系的研究。

本部分将回顾和讨论这些引文分析的应用，以及引文分析在科学研究和学术交流中的其他用途，包括专利引文分析在创新研究、科学与学术交流的社会计量研究中的应用。

1.3.1　评估信息资源和评价学术贡献

有这样的假设：施引作者（citing author）撰写论文所引用的参考文献反映了作者对它们的使用。Peritz（1992，p. 448）指出，因为“普遍认为研究论文的发表是科学奖励体系的一部分，因此引用在某种意义上是被认可的标志”，一篇论文的被引次数“可以作为衡量其学术价值的粗略指标。当然，引文重要性的变化以及错误和噪音也是不可避免的”。同样，在更广泛的范围内，期刊或领域内所有出版物的被引用次数，或由学者、机构或国家所有的学者撰写的所有出版物，能够粗略地表明期刊、学者以及科研机构等的科研影响。因此，引文分析被认为是评估信息资源和评价学术贡献的合理而有意义的研究工具。这种引文分析有时被称为评价性引文分析（evaluative citation analysis，Borgman 和 Furner，2002）。

虽然上面提到的评价性引文分析的基本假设自从被提出之后（这将在本章后面讨论）就受到了挑战，但是引文分析已被广泛用于研究评估中，并对个体或机构决策产生较大影响（Garfeld，1979；Meho 和 Sonnenward，2000；

Moed, 2010)。例如，期刊影响因子（journal impact factor）是期刊在一定时期内（如2或5年）发表的所有文章的平均被引频次，已被大学图书馆员用作期刊订阅决策的依据，大学的管理部门也采用教授所发表论文期刊的质量，来评估其研究绩效（research performance），并且个体学者的引文影响也被作为影响他们聘用、任期、晋升和研究资助的决定因素。此外，近年来出现的很多世界大学排名系统对大学（特别是招生）产生了深远的影响，如泰晤士高等教育（THE）世界大学排名和世界大学学术排名（又称上海排名），都使用了引文分析作为排名的指标之一来衡量学术影响力（THE Methodology, 2013; Liu 和 Cheng, 2005)。

因此，必须解决影响引文计数评价中涉及的各种问题，因为这些问题会进而影响基于引文进行评价的公平性。尽管被引次数或源于被引次数的其他指标（如大指数）相对简单，但引文评价的复杂因素（如学科领域的差异性、引文数据源的覆盖性）一直是评价性引文分析的重点。为了深入研究这些问题，读者可以参考 Moed（2010）提出的评价性引文分析的综合处理方法。本书后面几章也将讨论和阐明其中的一些问题，如引文分析的数据来源、研究领域的界定以及引文分析中合著作品的计量等。

1.3.2 领域图谱构建

通过基于引文分析的知识图谱的绘制，有助于研究人员进行知识组织，并可以使研究人员洞察研究领域和学术团体的特征、结构以及演化。

正如 Cronin（1984, p. 25）雄辩地指出："引文是学术成就景观上已经冻结的足迹。"它们代表了施引作者正在撰写的论文（即施引文献）与他们参考的文献（即被引文献）之间的相关性（比如，在学科、主题或方法上的相似性)。因此，通过分析典型专业和学术团体某个时间段在学术刊物中引文所建立的映射关系，可以研究该专业和社群的结构和特征。通过时间段的比较，也可以对专业和学术团体的历史发展进行建模。本书中，我们使用"引文网络分析（citation network analysis)"一词来指代这种类型的引文分析。

在引文网络分析中，从施引文献中选择一组对象（例如，论文、作者、期刊或包含它们的一个集合）来代表一个研究领域，这些对象之间相互关系

（或连通性）的紧密程度通过引用计数（citation counts）来测量，进而从这些关系中推断出相应研究领域和学术团体的结构和特征。为了揭示构成这些关系的结构，多元统计分析（multivariate statistical）常常选择引用分数（citation scores）作为相似性度量的指标。对于信息的空间表达，正如 Small（1999b，p. 799）指出的：可以“促进我们从概念上理解它们的关系和发展”。网络可视化工具经常被用于生成这些关系的可视化图谱。所有这些测度、分析和可视化将共同解释研究领域和学术团体所观察到的结构和特征，帮助我们认识其演化过程，并通过应用时间序列来“归纳和预测未来的趋势”（Borgman 和 Furner，2002，p. 11）。

根据所分析的知识单元（论文、作者、期刊、研究领域、国家以及知识单元的组合等）和引文分数的阈值，领域的宏观结构（即整个科学研究的整体地图，网络中的每个节点代表一个学科）和微观结构（即一个专业领域的结构，网络中的每个节点代表一篇论文）可以被绘制和研究。基于此，用户可以了解研究领域的整体概况，并探索其潜在的细节结构（Small，1999b）。

对于两个对象之间相互关系的强度，有三种常用的基于引用的度量（citation – based measures）方法：

（1）相互引用次数（inter – citation counts）：两个对象相互引用的次数；

（2）文献共被引次数（co – citation counts）：两篇论文同时被其他论文引用的次数；

（3）文献耦合频次（bibliographic coupling frequencies，简称 BCF）：两个对象（知识单元）具有相同参考文献的数量。

这些分析手段分别称为相互引用分析（inter – citation analysis）、共被引分析（co – citation analysis）和文献耦合分析（bibliographic coupling analysis）。每种类型的分析都可以选择一种不同的计数（counting）和权重（weighing）。例如，两篇论文的 BCF（耦合频次）可以简单地通过两篇论文中相同参考文献的数量来计算，或者可以通过它们引用的参考文献在文章中的引用次数加权。这种计数和权重方案将在本书第 2 章中详细讨论。

在三种类型的引文分析中，共被引分析是最常用的分析技术。一般认为，共被引分析的概念是由 Small（1973）和 Marshakova（1973）分别独立发现和提出的。Small（1973）首次介绍了文献共引分析，White 和 Grifth（1981）则首次介绍了作者的共被引分析。自此以后，许多共被引分析研究仍在持续进行。要么是分析技术的细化（Small，1974；Shaw，1985；Zhao 和 Strotmann，2008a），探索共被引分析在各个研究领域的应用，回答各种研究问题（Small，1977，1981；White，1983；McCain，1984），或是讨论这些技术的局限性（Sullivan 等，1977；Hicks，1987）。近年来也有研究将先进的科学可视化技术应用于共被引图谱的绘制，以呈现动态的科学地图（综述可参见：Small，1999b，Boyack 等，2005）。因此，共被引分析已经发展成为研究学术领域知识结构和学术团体特征的知名文献分析技术。

引文网络分析的基本假设是：

（1）若两个文献常常互相引用、经常一起被引用，或者有许多共同的参考文献，那么表明这两个文献是相关的，也就是说，它们在主题或方法方面通常被认为是相似的；

（2）两个文献相互引用或共被引的频率越高，或者两个文献共有的参考文献越多，它们之间的关系就越密切（Borgman，1990；White，1990）。

与评价性引文分析（evaluative citation analysis）不同的是，这些假设通常是有效的，并没有受到多大的挑战。即使受引文研究评估影响的各方可能会通过操纵其参考文献列表来与这一体系进行博弈，但是他们可能添加的相关性较低的参考文献仍然是与施引文献相关的。

1.3.3 追踪知识流动和思想扩散

知识流动和思想扩散可以通过引文来追踪。因为引文告诉读者施引作者（citing author）使用了哪些文献。当然，他们也可以通过术语（terminology）进行追踪，特别是在知识和思想被整合到更大的语境之后。

引文被认为是概念符号，因为引文在文本中有一个功能，即将一个想法或概念与该想法或概念的来源连接起来，表明该想法或概念与被报告的论文的关联（Small，1978，1998；Small 和 Greenlee，1980）。通过分析该论文是如何在后来论文中使用的，可以追踪到它是如何跨越学科边界以及随着时间的推移进行思想传播的（McCain，2011）。

为了做到这些，一件或者一组研究成果，“代表连贯且明确定义的感兴趣的主题，比如理论的原始陈述，研究方法的描述，或者一个重要概念或其他重大贡献首次阐明的”（McCain，2011），将被首次识别。这一组研究论文的引证信息将被收集，然后可以对它们的主题领域和时间分布进行研究。

在引文分析研究的早期就已经开始进行这种类型的引文分析的研究，但相比其他类型的引文分析还是要更少一些（McCain，2011）。Borgman（1990，p. 20）提供了通过引文追踪思想（idea）的一些例子，包括双螺旋（double helix，Winstanley，1976），香农的信息理论（Shannon's information theory，Dahling，1962），与精神病学（psychiatry）起源主题有关的相关领域（Davis，1970）。McCain（2011，p. 1413）回顾了一些该方面的最新研究：

> Oehler（1990）追踪了在一般均衡理论中29篇论文的引文，并专门注意了非社会科学期刊中的引用次数（如，自然科学、数学、统计学以及工程）。O'Rand（1992）研究了合作博弈理论的扩散情况，利用引文扩展的方法对博弈论和经济行为理论的学科界限进行了研究，以支持各种研究学派在心理学、社会学和政治学方面的发展。
>
> McCain和Salvucci（2006）通过5个时期15个主题领域，从软件工程“本土”领域到社会科学、人文科学以及法学领域，对《人月神话》（Mythical Man - Month，Brooks，1975）中相关概念的使用进行了研究。Sarafoglou和Paelinck（2008）通过引文数据研究了“空间经济计量（spatial econometrics）”概念的扩散，在部分研究中对该领域核心著作《空间计量：方法与模型》（Anselin，1988）的引证主题和时间分布进行了研究。加菲尔德研究发现，超过80个专业或领域引用了普赖斯的《大科学，小科学》。Van der Veer Martens和Goodrum（2006）从更偏理论的角度，讨论了使用引用内容和情境分析以及其他评估方法来对社会科学中八个理论的扩散进行建模。他们提出了引文运作的类型（typology of citation function），但是并没有考虑引文主题的宽度。

1.3.4 研究用户及其对学术论文的使用情况

科学家和工程师的信息行为（information behavior）已经引起了 LIS（图书情报学）研究人员的极大兴趣，访谈和调查是其研究数据的主要来源（Brown 和 Ortega，2005；Brown，2007，2010；Hemminger 等，2007）。引文分析可以增强这些类型的研究结果，通过引证行为，从不同视角来获知人的信息行为。

引文代表了施引作者对引用文献的使用。因此，对一组作者所引用参考文献的考察可以揭示其信息行为的一个重要方面，即什么学术信息被用在他们自己的研究论文中。我们就此可以确定这类作者群体在研究中所使用文献的类型（如期刊、书籍、电子资源）、时间（年）、语言、国家和主题信息的频率特征，以及在该领域这些作者与其他人群之间的比较。

例如，通过比较参加某课程（如，书目教学或如何使用学术图书馆）的所有学生在上课前后所引用的参考文献类型，可以测度这门课程对学生信息搜寻行为的影响（Brunvand 和 Pashkova - Balkenhol，2008；Cooke 和 Rosenthal，2011；Reinsfelder，2012）。同样的，一个领域的教师（faculty）和从业者（practitioners）在研究中的差异可以通过比较他们引用什么以及如何引用来研究。例如，Zhao（2009）通过对 LIS 教师和从业者的共被引分析，比较了两类人群的知识结构。非常有趣的是，研究结果与预期相反，LIS 从业人员比 LIS 的教职人员更多地引用了理论和基础研究的文献。更进一步，通过将用户所引用的学术信息与图书馆馆藏进行比较，可以用来衡量图书馆馆藏满足用户需求的程度（Kayongo 和 Helm，2012）。

同样，通过研究引用所显示的学术信息的使用，可以来评估学科、文献、期刊、机构或作者的作品之间的相互作用和学科交叉（Zitt 和 Bassecoulard，2006；Bassecoulard 等，2007）。例如，Huang 和 Chang 在 2012 年发表了两篇文章，对 1978—2007 年间 LIS 期刊引文的学科进行了分类，以研究 LIS 的跨学科特征（Chang 和 Huang，2012；Huang 和 Chang，2012）。他们发现，LIS 文章引用了 30 个学科的文献，并且有一些引文指标衡量的 LIS 跨学科程度很高。显然，这种类型的引文分析与上一节讨论的知识流动研究相似而又有差异。

1.3.5 辅助信息组织、表征及检索

在科学论文的写作中，传统上作者们通过相互之间的引用来认可彼此的成果。引文代表了作者对所写论文（citing document）和他们将要引用的论文（cited document）之间的关系（例如，相似的领域、主题或方法）所做的决定。引文链接被证明是一种独特而有效地查找相关文献的方法，因为论文之间的相关性是由作为领域专家的论文作者（而不是由经过培训的图书馆馆员——索引员）来判断的。论文可以独立于语言、关键词和传统知识分类而被定位，这对跨学科领域的研究人员来说尤其重要。这种组织和检索信息的方式通过创建“可操作（actionable）”或“可点击（clickable）”的引文链接而变得更加容易和高效。这些引文链接指向了它们所代表的全文，这要归功于 Web 技术以及包括学术出版企业各方之间的合作，如科学出版商、图书馆以及包括引文数据库在内的书目数据库（bibliographical databases）的生产商。

引文数据库除了包含作者、关键词和主题词等标准索引外，还包含引文索引的书目数据库。引文索引记录和文献链接的组织，通过科学论文及其引文链接的方式，更容易更大规模地实现导航。通过引文索引，可以获取引文的后向（backward）引证关系，即从当前文献到引证文献（和论文后的文献链接类似）的引证链接；也可以获取前向引证（forward）关系，即从老的文献向新文献的引证链接。用户可以从种子论文（seed paper）、作者、期刊或者这些知识单元的组合，来检索获取作者撰写的、被他们引用或者引用他们的文献，这是一种非常有效的信息检索方法。

引文数据库同样支持更容易和更大规模的引文分析数据的采集。反过来引文分析的结果能够进一步支持信息组织、表征和检索。

例如，评价性引文分析结果能够帮助我们通过有影响力的参与者（作者、机构、国家）来检索高影响力的论文或出版物，同时引文网络分析结果可以促进对研究领域结构、概念、文档或作者之间的关系的理解。这种理解反过来可以帮助用户进行查询扩展和搜索精炼，并支持信息检索系统浏览界面的可视化（Chen，1999；Chen 等，1998a；Chen 等，1998b；Ding 等，2000；Lin 等，2003；Strotmann 和 Zhao，2008）。

两个最大的引文数据库，是美国科技情报研究所的ISI数据库（目前作为汤森路透的Web of Science的一部分[1]）和爱思唯尔的Scopus数据库。这些数据库通过相应的评估性引文分析计算，提供了论文、作者、期刊的影响指标（例如，引文量、h指数、期刊的影响因子），已经彰显了将引文分析并入信息检索系统的价值。

数据的检索结果可以通过指标排序，使用户聚焦高影响力的信息来源。他们通过文献耦合分析（bibliographic coupling analysis）推荐了“相关文献”（related documents）。在ISI数据库中还提供了引文链接的后向和前向表达，允许用户按照这些链接来检索需要的信息。

由于引文分析可以识别关键概念（key concepts）、文献、作者及其关系，有些研究还探讨了引文分析方法如何补充传统的手工知识组织方法的不足，包括自动汇总、自动分类及词库建设和维护（Chen等，2010；Fiszman等，2009；Sparck－Jones，1999；Schneider和Borlund，2004）。正如Birger Hjørland（2013，p.1）指出的那样，“传统知识组织系统（Knowledge Organization Systems，简称KOSs）和基于引文分析的KOSs之间的主要区别在于，第一组代表知识型KOS，而第二组代表社会型KOS”，因为后者是基于大量施引作者、文档以及作者之间的关系所得到的观点集合。

随着可用信息数量的急剧增加，数据出现混乱在所难免，特别是网络（Web）数据。探索信息组织和检索的适当途径，已经并将继续非常重要。引文分析原则（citation analysis principles）提供了增强信息组织、表示、检索和浏览的独特而有效的方法。谷歌网络（Google Web）搜索引擎是一个很好的成功案例，该引擎应用与引文分析密切相关的算法，专注于为用户提供高质量且与用户信息需求相关的资源（Brin和Page，1998）。

1.3.6 其他应用

多年来，引文分析被以各种创新的方式广泛地应用。虽然大多数的应用仍然属于前面讨论过的内容，但在一些科学研究和学术交流中的应用仍有独

[1] 译者注：2016年7月26日，汤森路透出售了其名下的知识产权业务，目前该数据库属于科睿唯安。

特之处。下面举两个例子说明。

专利引文分析

在引文分析领域中，专利引文分析的特别之处不在于其分析的类型，而是分析的数据，比如，专利文本及参考文献。

专利是科学技术创新的主要表现形式，因此专利引文分析常常用于研究与创新有关的现象。例如，主要创新技术（以高影响专利为代表）对其所属的学科或者行业，以及其所在行业的主要参与者网络的影响，包括谁为该技术做出了贡献以及谁在使用它。特别是将专利和科学引文分析相结合时，可以研究科学、技术和创新之间的相互作用或关系（Sternitzke，2009；Erdi 等，2013；Etzkowitz 和 Leydesdorff，2000）。

然而，值得注意的是，专利引文的含义与学术引文的含义大不相同。虽然学术引文代表了对成果的影响，但专利引文代表了现有技术或先决技术。至少原则上，任何授权专利的人都需要在所引用的专利中获得技术许可。由于可能会降低专利的货币价值，发明人倾向于避免引用自身专利以外的专利，专利审查员在完善专利参考文献方面起着至关重要的作用。显然，在专利引用分析中，专利申请人和审查员提供的参考文献都是很重要的。

与学术出版物的引用数据不同，专利引文数据是公开的，可以从专利局的网站和数据库获得，例如美国专利商标局（http：//patft. uspto. gov/netahtml/PTO/search－bool. html）和欧洲专利局（http：//worldwide. espacenet. com）。从这些公开站点检索和处理专利引用数据要比标准引文索引的学术引文数据复杂得多；同时，商业的专利数据库和 Google Scholar 为我们提供了更多可用的访问权限。

引文分析在科学与学术交流的社会计量研究中的价值

虽然本书不会研究社会计量分析，但将简要讨论引文分析在科学与学术交流的社会计量学研究中的价值，以显示引文分析的整体功能。

学术交流的社会计量学研究试图通过观察学者之间的人际互动，来揭示特定学术社团中非正式交流的结构，突出学术交流的社会属性（Lievrouw，1990）。

引文分析可以在确定学术社区或专业中辅助社会计量研究（De May，1982，p. 130)，这是所有学术社区的社会计量研究的第一步。引文分析有助于识别学术交流的结构和过程中的有趣点，并通过社会计量学或其他方法进一步研究（Crane, 1972; Mullins, 1973; Mullins 等, 1977; Lievrouw 等, 1987）。此外，引文分析可用于验证社会计量数据的结果，因为在社会计量学研究中，参与访谈或调查者通常是通过引文分析研究其引文行为者的子集（Borgman, 1990）。

1.4 引文分析的评价

虽然引文数据存在诸多问题，但引文分析仍然是研究知识流动、思想传播、科学的社会和知识结构、信息资源和研究评价的不完善但非常有用的方法。

本节的内容涉及引文分析多年来讨论过的问题和受到的批评。尽管存在问题和批评，引文分析仍是一种可靠且有效的方法；此外，本节还列出了引文分析被应用时的注意事项。

1.4.1 有效性和可靠性

如前所述，引文分析有两个基本假设：①引用代表施引作者对引用文献的使用。文献被引用的越多，则影响力越大。评估性引文分析基于此假设来分析作者、期刊以及机构等的影响力。②引用表明了施引文献和被引文献之间的某种关系，即一般认知上的主题或方法论的相似性。经常一起被引用或共同引用许多相同文献表明这两篇论文之间存在着某种关系。两篇论文被共同引用的次数越多，或者两篇论文引用的共同文献越多，它们越被认为是相关的。引文网络分析就是基于此假设来考察文献和学科的结构的。

其他类型的引文分析基本上都是这两种基本类型的分析的变体。例如，引用次数已被用作科学发现传播程度的指标，引文链接已被用于信息表示和检索。

默顿的科学规范观点为大多数类型的引文分析提供了依据（Griffith, 1990; MacRoberts 和 MacRoberts, 1989; Edge, 1979; Cronin, 1984; Peritz, 1992），它将科学视为一种由一系列规范支配的社会活动。这些规范包括普遍主义（科学的非人格化）、共产主义（科学知识被视为自由传播和自由分配的共同利益）、公正无私［“为了科学而科学”（Cronin, 1984, p. 17)］和有组织的怀疑主义

[新知识主张进行批判和客观评价要基于经验或理论证据（Merton，1942）]。引用被认为是一系列严肃的科学活动，因此引用行为也受一系列规范和价值的支配。这些规范和价值要求作者列出在创作当前论文过程中影响到他们的论文，以便使这些论文得到应有的赞扬。尽管他们可能并不总是清楚为什么在某些时候引用某些著作以及引用是如何与科学的意识形态相关的——“科学行为中预设的规范和价值”（Trancy，1980，p. 191）——作者们“对他们应该如何以及为什么要承认他人的作品有着默契”（Cronin，1984）。

科学的规范性观点与引文分析的假设是一致的，因此进行引文分析可以认为是有效的。

然而，许多研究观察到，科学家的行为并不总是遵循规范，就引用行为而言，引用确实存在各种原因和动机——一些是规范的，一些是利己主义的。已经有大量的论文回顾了该方面的研究，包括 Bornmann 和 Daniel（2008），Cronin（1984），Liu（1993），Nicolaisen（2007）以及 White（2010a）。

已经观察到有科学家的行为偏离规范和存在以自我为中心的引用，但这并不会使引文分析变得无效，原因有以下几个：

首先，科学家未能严格遵守规范并不一定意味着违反规范。规范是“不被严格定义或精确地限制于单一特定行为的标准”。它们根深蒂固，不容易被立法成为科学的道德准则，也不容易被用于日常讨论和评估。内心的自我不适是对违反规范的通常反应，也是它们存在的重要标志（Griffith，1990，p. 35）。

其次，多数学者坚持引用规范，引文分析是以引用作者的集体感知为基础的。正如 Small（1976）所观察到的那样，“引用的理由和动机似乎像科学思想本身一样微妙和多样，但大多数参考文献确实在科学文献之间建立了有效的概念联系”（p. 67）。个别引用的不符合规范可能出于各种原因，但是这样的引用的数量不足以影响引文分析的结论，因为大多数后来的作者不会反复看到这种引用所暗示的相同影响或关系（White，1990）。因此，引用或共被引（co - citations）的累积表明了大量引用作者对于施引作者和学术著作之间的影响和关系的共识。引文分析，涉及“通过使用海量的数据集来实现对学术交流过程的宏观视角”（Borgman，1990，p. 26），依靠这一共识在学术贡献的评价和智力结构的映射中得出结论，使得与个别引文的动机和目的有关的

"心理学方法"（White，1990）在很大程度上无关紧要。

最后，引文分析的大量验证研究提供了引文分析基础假设在统计上的有效证据。许多实证研究通过各种方法检验和验证了引文分析的有效性。Garfield（1979，p. 241）在其《引文索引》中，Carter（1974）、Bayer 和 Folger（1966）和 Virgo（1977）在其研究中，都涉及了引文分析作为评价工具的若干验证研究，这些研究显示出引用次数与同行判断之间的高度相关性，这是被广泛接受的科学排名方法。White（1990，pp. 101－102）总结了包括 Mullins 等（1977）、Sullivan 等（1980）和 Sullivan 等（1977）在内的共被引分析的一些验证研究。尽管文献共被引图谱有其局限性，但这些研究确立了文献共被引图谱的有效性；并且 Keen（1987），Lenk（1983），McCain（1986），White 和 Griffith（1981），White（1983），他们使用各种方法验证了作者共被引分析的结果。McCain（1986）根据所使用的验证方法不同，对共被引结果的验证研究进行了分类，结果显示大多数研究表明引文分析的结果与其他来源的结果之间有很高的相关性，尽管在某些情况下会观察到缺乏相关性。当比较引文分析的结果与基于其他类型数据（例如社会计量数据和访谈数据）的有效性研究的结果时，Borgman（1990）强调了比较研究的目标或动机的重要性。在许多情况下，结果之间缺乏相关性是因为他们在测量不同的学术交流领域（正式与非正式），或者是因为他们在不同层面（微观层面与宏观层面，或"地平面"与"鸟瞰图"）或不同的时间点（引文分析揭示了几年前由于出版滞后的图景，而访谈提供了当前的图景）观察相同的现象（White，1990，pp. 91，100）。

引文分析不仅有效而且具有高可靠性，因为数据可以不引人注目地从容易获得的学术交流的记录中收集，并且可以容易地被其他人复制。根据 Borgman（1990，p. 25），尽管可靠性问题存在于独立的数据源中，但"通常可以由细心的研究人员来识别和纠正"（Moed 和 Vriens，1989；Rice 等，1989）。

1.4.2 批评和辩护

对引文分析的批评（特别是 Edge，1979；MacRoberts 和 MacRoberts，1989）主要关注引文分析的基本假设，以及引文数据的来源（Osareh，1996）。

辩护（特别是 Garfield，1979；White，1990）的焦点是，（个人规模的）心理学方法与（大规模统计）引文分析无关，以及“与想象中的对手争吵”（White，1990，p. 91）的不合逻辑。以下是对这些批评和辩护的简要讨论。详细的讨论可以在上面引用的研究和关于文献计量学或引文分析的评论文章中找到，例如 White 和 McCain（1989）、White（2010a）和 Nicolaisen（2007）。

对这些假设的批评要么混淆了上面讨论过的引用的“空中（aerial）”和“地面（ground - level）”观点，要么是在与一个虚构的对手争吵（White，1990，p. 91）。他们声称引文分析研究人员做出的某些假设有问题，但事实上，在引文分析研究中很少发现这些假设（Borgman，1990；White，1990）。他们质疑一些基于个体自引存在的假设，而忽略了引文分析是针对大型数据集和宏观观点的，在这些数据集和宏观观点中，少数个人的不当行为仅仅是要通过统计手段过滤掉的统计噪声。

例如，尽管研究表明（比如，Mullins 等，1977；Small，1977；McCain，1986），高频次共被引的作者之间经常存在个人交流和联系，并且文献的结构与产生这种联系的领域的社会结构是一致的，但是引文分析人员并不认为这是给定的。相反，他们只假设这种关系“通常被认为是发表和被引作品的主题或方法论上的相似性”，并强调独立构建的社会关系可能存在于高共被引作者中（White，1990，p. 96）。评价引文分析的唯一假设是加菲尔德（引文索引和引文分析的发明者）在他的引文索引理论和应用专著中提出的，引用次数代表了科学工作的感知效用或影响，是由相应的科学共同体决定的（Garfield，1979）。

引文数据来源的问题包括所有引文数据来源的特征和所使用引文数据库收录的数据。前者包括同名异义（两个或更多不同的人有相同的名字）、同义异音（一个人有一个以上的名字）、隐含引用、自我引用和引用错误引起的引用计数困难。后者包括引文数据库的有限和有偏见的覆盖以及被引文献的索引不足所引起的问题（获取这些问题的详细讨论，可参见 Smith，1981；MacRoberts 和 MacRoberts，1989）。

引文分析作为一种不完善的方法，确实受到引文数据源问题的影响。即使加菲尔德（Garfield）博士也承认这些问题，同时他在引文分析作为评估工具的系统审查中，驳斥了对引文分析有效性的几乎所有批评（Garfield，

1979）。然而，人们通常使用一些补救措施来修正数据。例如，Garfield（1979，pp. 243－244）提出了两种在同音词情况下区分个体的方法：检查被引用作品和施引作品所发表的期刊的标题，并获得被评估个人的完整书目。其他相关的方法也被提了出来，诸如使用作者机构信息来减少由同音异义和同义异音引起的问题，以及使用多个或备选数据源来缓解因某个引用库导致的问题（Zhao 和 Logan，2002；Zhao 和 Strotmann，2014b）。事实上，近年来随着文本处理技术和其他技术的进步，人们越来越关注如何解决引文数据中的问题（例如，Boyack 等，2013；Ding 等，2013；Hou 等，2011；Jeong 等，2014；Zhu 等，2014）。因此本书中我们将引文数据源（第 3 章）和姓名消歧（第 4 章）作为独立的章节。

总之，尽管引文数据中会存在问题且有自我引用的存在，引文分析已经被证明是评估学术贡献和研究知识结构的一种独特而有效的方法。Garfield（1979，p. 250）认为，引文分析“是一种有效的同行判断方式，它在评估过程中引入了一个有用的客观因素，只包含了采用调查技术成本的一小部分”。Arunachalam（1998，p. 142）强调引文分析是一个不完美的工具，我们仍然可以利用它来得出不同程度有效性和可接受性的合理结论。人们普遍认为，当引文分析与其他方法（如访谈、调查和社会计量研究）结合使用时，对于在所研究领域知识渊博的人来说，引文分析是最有用的（Borgman，1990；Garfield，1979）。

1.4.3 优势，局限性及特别注意

引文分析的主要优点是不可感知性、客观性、低成本和可靠性（Harter 和 Kim，1996；Smith，1981）。正如 Smith（1981，pp. 84－85）解释的那样：

> ……引文是吸引人的研究课题，因为它们既不显眼，也容易获得。与通过访谈和问卷调查获得的数据不同，引用是不引人注目的措施，不需要调查对象的合作，也不会污染响应（即，它们是非反应性的）。引用是在信息已经被利用之后留下的路标，并且因此提供数据，通过该数据人们可以建立用户行为的图景，而无须直接面对用户。任何包含参考文献列表的文档集

合都可以为引文分析提供原材料，并且基于给定文档集合的引用次数是精确和客观的。

文献中已经广泛讨论了引文分析在科学和学术交流中的局限性（例如，Garfield，1979；MacRoberts 和 MacRoberts，1989；White，1990；White 和 McCain，1989），包括：

（1）由于引文数据和被用作数据源的引用数据库的问题，引文分析结果存在潜在的不准确性或偏差。

（2）引文分析结果的解释以及领域的界定，对学科专家（在引文分析研究领域中有丰富知识的人）有很强的依赖性。

（3）引文分析结果等同于分析员选择的被分析作者或文献以及所使用的分析工具产生的结果。

（4）引文分析的结果从来不是“最新的”，因为它分析的文件要花时间才能出版，而且引用的参考文献甚至要更早。

（5）写作、引用和出版行为由于研究领域和学术团体（例如，数学与生物医学）不同而显著不同，使得跨领域变得比较困难，特别是在研究评价中。

（6）引文分析仅适用于研究出版物中所代表的正式的学术交流，当从引文分析揭示的正式交际结构中推断非正式交际关系和社会关系时，通常需要其他类型的数据来确认或进一步研究推断。

（7）引文次数和由此得出的分数，衡量的是所引用的研究影响，而不是质量。这使得它在评价学术贡献方面的用途受到限制。尽管影响与质量密切相关，但引文影响还会受到许多其他因素的影响。例如，综述性文章往往具有更高的引用影响，仅仅是因为其覆盖面更广泛，和报道具体个案的研究论文相比与更多的文章相关。容易理解的论文相比难理解的论文要更容易得到更多的引证，这是因为容易理解是受欢迎的主要决定因素。

在设计引文分析研究和解释引文分析结果时，利用其优势，围绕其局限性开展工作是很重要的。

引文数据和引文数据库的问题需要通过比如在收集数据时跨越引文数据库并且在处理引用数据时进行消歧来尽可能多地解决和缓解。在整个过程中，应尽可能多地征求学科专家的意见，特别是在领域界定和结果解释方面。

事实上，引文分析的每一个步骤都需要仔细设计和思考，从领域界定、对象的选择（例如，作者、论文）和分析工具的使用，到分析结果和得出结论（详见本书第2章）。

例如，当应用统计程序和可视化工具（例如MDS）来显示二维或三维中对象之间的高维关系时，信息可能丢失并且图形可能失真；需要特别注意基于两个对象在二维地图上的位置来得出的关于两个对象之间关系的结论，因为彼此接近的结果可能是工具和过程的人工产物。只有在不同的算法、过程或工具中保持稳定的特性才能用来得出结论。例如，在具有倾斜旋转的共被引数据的因子分析中，通常结构矩阵视觉表示的布局保持稳定，而模式矩阵的布局会在每一次使用Pajek重新绘制时发生变化。因此，使用结构图谱来研究作者和作者组之间的相互关系，而模式矩阵仅仅用来表示作者的分组（Zhao和Strotmann，2008a；2008b；2008c；2014a）。

应该避免在结论中出现有问题的假设和过度概括，如试图将引文的影响等同于研究质量，将知识与社会关系联系起来，或从当前数据和方法中获得对所研究领域观点的一种看法。

例如，使用来自ISI数据库的数据进行的引文分析无法提供北美和世界其他地区之间的公平比较，因为它们偏向于英语国家，排名靠前的大学一直来自美国或英国，因此对THE大学排名的批评很多（Rauhvargers，2011；van Leeuwen等，2001）。虽然引文分析的研究领域的总体结构是稳健的，但是细节会根据领域如何被界定和引用如何被计数而改变，这表明引文分析应该仅仅被用于获得研究领域的鸟瞰图上（Leydesdorff，2008；Zhao，2009）。

对上述方法的进一步理解，将在后面章节引文数据源、领域界定、消歧、合作作品的引用次数以及引用网络的可视化中围绕引文分析的局限性进一步讨论。

1.5 相关领域

引文分析是文献计量学的两大主要部分之一，在科学研究和学术交流的研究中，Fairthorne将其定义为“对与之相关的记录语篇和行为性质的量化处理”，另一个主要部分是出版分析。

术语“文献计量学”可与科学计量学和信息计量学互换使用，但在范围和焦点上略有差异。网络计量学（或称 Cybermetrics）是近年来随着网络出现的，它经常应用于网络特性和链接结构的研究，包括修正、引文分析以及其他从文献计量学中确定的原则和技术。例如，Ingwersen（1998）提出网络影响因子作为评价网站的标准，就像期刊影响因子被用于评价期刊一样；卢梭（Rousseau，1997）创立的站点分析是引文分析的网络版，在传统的引文分析中，将与其他网站的超链接视为“书目引用”；经典的文献计量定律，如布拉德福定律、洛特卡定律和齐普夫定律，也已经在网络上进行了测试（Cui，1999；Egghe，2000；Rousseau，1997）。White（2010b）的研究为文献计量学、科学计量学、信息计量学和网络计量学之间的差异提供了注解。

文献计量学和网络计量学也与最近出现的网络科学和互联网科学的相互作用（Borner 等，2008；Zhao 和 Strotmann，2014a）。网络科学是一个多学科的研究领域，研究的对象是可以被建模为网络的所有类型的大型复杂系统。从这些领域主要研究人员的相互引用可以看出，引文分析（尤其是引文网络分析）和网络计量学受到了网络科学的影响，也受到了互联网科学的影响。网络科学的跨学科领域旨在巩固广泛的研究观点，网络既是一种通信技术，也是一个由无处不在的社会认知空间构成的复杂系统。社会网络（social web）的研究自然是网络科学的一部分，也是网络计量学的一部分。

引文语境分析与内容和语篇分析相关，其考察了文本中每个引文的语境（White，2010a；Zhang 等，2013）。引文网络分析应用了来自社会网络分析、共词分析和文本挖掘的技术。引文网络分析中应用的一些社交网络分析技术将在后面的章节中讨论，但是读者也可以参考其他资源来了解应用于学术交流网络和信息科学的社交网络分析（例如，Borner 等，2008；Otte 等，2002；White，2011）。

1.6 本书的范围、界定和结构

本书的以后章节将在引文网络分析的背景下讨论引文分析。引文网络分析是引文分析的两种主要类型之一（另一种是评价引文分析）。虽然对许多主题（如领域界定、引文数据源、名称消歧和科学合作）的讨论适用于所有类型的引文分析，但是结构和细节（如，过程、示例和工具）是围绕引文网络分析建立的。换句话说，关于引文网络分析（如，引用网络的可视化）的主题是会详细描述的，但是其他类型的引文分析（例如，研究评价）的主题则不是。

这一选择是基于以下考虑：

尽管评价引文分析吸引了大量的注意力和资金，但对这种类型的引文分析却有很多批评，涉及的许多问题都很难解决。而引文网络分析并没有受到太多的批评，并且近年来随着大规模引文网络分析在网络科学（network science）和 Web 科学（Web science）的新兴学科中越来越可行、有趣和重要，引文网络分析开始受到越来越多的关注。

引文网络分析应用了网络科学、社会网络分析和信息可视化等领域的新技术。相比之下，根据引用次数或由引用次数得出的分数对论文、作者、机构、国家等进行排名的评价引文分析相对容易进行，使得新技术的应用空间更小，这可以从“h 泡沫”（h - bubble）中看出：一旦这个“聪明的发现”（h 指数）在 2005 年被作为一种简单的方法来衡量某一个科学家的一生成就，评价引文分析的研究团体就立即并且几乎完全地聚焦于 h 指数（Rousseau 等，2013，p. 294；Zhao 和 Strotmann，2014a）。可见，这一领域的研究一方面等待着突破性的想法，另一方面也感受到对研究评价的实用工具的巨大需求压力。

目前已有几本评价性引文分析类的图书（如，Andres，2009；De Bellis，2009；Garfield，1979；Moed，2010），但对引文网络分析的研究的图书却很少。

本书将首先介绍引文网络分析的一般步骤和程序以及每个步骤涉及的概念和技术（第 2 章），并将同时提供引文网络分析的理论方面的概述以及进行引文网络分析研究的实际指南。其次，本书对引文分析中的重要问题，特别是引文网络分析中的重要问题进行了更详细的讨论，重点讨论作者有丰富个人经验的问题，包括：

- 引文分析的领域界定和数据源（第 3 章）；
- 姓名和参考文献的消歧（第 4 章）；

• 引文网络的可视化（第 5 章）。

访问引文数据库获取引文分析的数据源的方式有两种。一种是常规访问，是通过这些公司（如，Thomson Reuters、Elsevier）提供的搜索接口（如，Web of Science 和 Scopus），从引文数据库检索和下载数据集。另一种是以数据挖掘为目的，通过引文数据提供商直接访问所有引文数据的昂贵方式。前者通常是通过一个或多或少的标准许可协议订阅这些数据库，禁止大规模下载并对其使用施加其他限制，而后者只能通过谈判购买合同进行访问。本书中关于引文数据库的讨论是基于作者对引文数据库的“常规”类型的访问，因此有关访问（例如索引和搜索设施、下载选项）的讨论可能不适用于特殊类型的访问。

此外，众所周知，引文数据库可以同时用作信息检索系统和引文分析工具。本书关于引文数据库的讨论是在引文数据库作为引文分析的数据源的背景下进行的，尽管这些讨论也可能对增强它们的检索功能有意义。

最后，本书所使用的“ISI 数据库”一词，指的是 20 世纪 60 年代由科学信息研究所（ISI）[1] 创建的最古老和最占主导地位的引文数据库，其中具体包括三个数据库：科学引文索引（Science Citation Index）、社会科学引文索引（Social Science Citation Index）和艺术与人文引文索引（Arts and Humanities Citation Index）。这些数据库现在已成为汤森路透“Web of Science”核心合集的一部分，该网站还包括一些其他引文数据库（例如，书籍和会议引文索引），这些数据库的质量还没有达到 ISI 数据库的水平来用于引文分析。除了核心合集之外，Web of Science 还包括许多其他的书目数据库，例如 MEDLINE，它们没有对引文进行索引，因此不能用于引文分析目的。为了避免混淆，本书中 Web of Science 仅用于更多涉及和讨论 ISI 数据库或上下文意义明确的情况。

---

[1] 译者注：ISI 是加菲尔德博士于 1960 年创办的企业性质的研究机构。截止到 2016 年，它一直作为汤森路透（Thomson Reuters）知识产权部的一部分。被科睿唯安收购后，该公司在 2018 年 2 月发布消息称，将重建 ISI，并作为其科学与学术组的一部分。因此，在本书中所提到的 Web of Science 数据库、ISI 等原 Thomson Reuters 的产品，统一应该为科睿唯安的产品。

2

引文网络分析的实施：步骤、概念、技术与工具

引用表明施引作者认为被引文献与施引文献在某些方面是相关的（如：对象、主题或方法的相似）。因此，可以分析大量施引作者（citing author）关于所代表的文献之间的关系的观点集合，即引文网络（citation networks），以分析研究领域的知识结构，并为知识组织和信息检索提供信息。通过对不同时间段的比较，可以分析该研究领域的历史发展，以及对知识组织系统进行更新（如，叙词表）。这些都是引文网络分析的关注点（Borgman 和 Furner，2002）。

为进行引文网络分析，我们制定了相当一致的步骤。简而言之，选中一组反映研究领域的对象（包含文档、作者、期刊或一组知识单元），通过被引次数得出各种数值来测量它们的相互关系（或关联性水平）的强度，然后从这些关系推断出相应研究领域的结构和特征。为了揭示这些关系的基本结构，多元统计分析（multivariate statistical analyses）通常采用引文得分作为相似测度，并利用网络可视化工具生成这些关系的可视化映射。

具体地说，引文网络分析遵循六个步骤：

（1）研究领域的界定，即收集该领域发表的完整和“干净的”学术出版物；

（2）选择代表该研究社区的核心对象集；

（3）测度核心对象集的关联性；

（4）多元统计分析；

（5）网络分析与可视化；

（6）结果和验证的解释。

本章详细讨论了这些步骤以及相关的概念、技术和工具，最后进行了实际的引文网络分析研究，演示了如何遵循这些步骤以及如何使用所讨论的一些技术。本章既提供了对引文网络分析的理论理解，又为开展引文网络分析研究提供了实践指导。

2.1 领域界定：通过研究领域或学术社区收集学术出版物

引文网络分析研究通常是关注某一特定研究领域或学术共同体（scholarly

community）在某一时期的结构和特点。根据所研究的问题，分析的时间段可以从某一年到该研究领域已经存在的所有年。类似地，可以以不同的方式来定义研究领域或学术团体，并且规模可以从所有科学到单个小专业而变化（Small，1999a）。例如，一个国家（如西班牙）、一个学科（如信息科学）、一个大学系（如艾伯塔大学物理系）、加拿大三大基金机构的产出（如三个加拿大国家研究机构资助的研究）、一个期刊（如《文献杂志》）、一个专业（如知识管理研究或博弈论研究的所有学者）、一个群体（如 G20 国家，某个领域排名 Top N 的期刊等）。

因此，引文分析研究的第一步是收集一组在特定时间段（又称为引证窗口，citation window）内代表特定研究领域或学术群体的施引论文（包含其参考文献列表）。随后的分析基于这些施引作者在其研究领域中知识关系的集体观点，如其出版物的参考文献列表中所记录的那样。显然，这些是内部人士的观点，即在该领域正在从事研究的人员观点。

当然，虽然内部人士的观点往往是最相关和期望的，特别是在利用引文网络分析来研究领域的知识结构方面，但在领域之外的研究影响的评价方面，并不需要局限于这些观点。在这种情况下，引用了研究领域的所有学者的集体观点研究该领域，这意味着仍有必要收集一组代表正在研究的领域的论文。然后，这些论文将在随后的分析中被作为被引论文（cited papers），而不是施引论文（citing papers）。

因此，理想的情况是将所研究领域内，所有时期发表的所有论文都包括在内进行研究。故要在随后的分析中采用相对稳健的技术（robust techniques），对这些出版物的子集进行取样以代表这一研究领域。如何确保样本能很好地代表所研究的学术群体，至少是为了解决所调查的研究问题，这本身就是引文分析中未解决的研究问题——“领域界定（field delineation）”问题。

常用的方法是使用引文数据库进行搜索，例如 ISI 或 Scopus 数据库，并使用搜索结果来表示正在研究的领域。来自引文数据库的搜索结果通常包括关于每个施引论文的详细信息、关于所引用参考文献的基本信息，最重要的是关于引文分析的引用链接，即关于哪些论文引用了其他文献的信息。引文数据库和标准书目数据库的组合，同样应用了引文分析，以克服引文数据库用于领域界定的一些局限。

引文分析数据的检索策略由所使用的引文数据库决定，主要通过限制一组关键字、一组名称（例如，期刊、作者、机构和国家）或两者的组合来实现搜索。

例如，如果研究的学术团体是信息科学领域的，我们可以识别该领域的一组核心期刊（core journals），然后借助 ISI 数据库或 Scopus 搜索每个期刊名称，并将搜索的结果当作数据集，即，这些期刊发表的所有文章（White 和 McCain，1998；Zhao 和 Strotmann，2008a，2008b，2014a）。如果要对两所大学的物理系在其研究概况方面进行比较，收集引文数据的一种方法是首先识别这两个系的成员姓名，然后在 ISI 或 Scopus 数据库中以“作者姓名”为条件进行检索，就可以分别获得这两个部门的引文数据集。如果要研究思想的传播，可以通过 ISI 或 Scopus 数据库的“被引文献（cited reference）”进行检索，以便对最初提出这些想法的一组或一小部分文章进行检索。

需要注意搜索结果要尽可能地确保完整和清洁，这意味着要尽量检索到所有相关的文献。例如，在引文分析中众所周知的问题是，作者可能以不同的名称（例如，未婚或已婚名称）发表论文，或者不同的作者可能具有相同的名称。这一问题经常需要在引文分析研究中得到解决，至少在某种程度上，对于高被引作者（highly cited authors）来讲数值期望更加接近一些。这意味着，由其他作者所提供的相同作者的不同形式，应该识别和删除。同一作者发表的论文应该被检索并补充在数据集中。

“领域界定”问题以及常用的引文数据库和方法将在本书第 3 章中详细讨论。姓名消歧（name disambiguation）将在本书第 4 章中进一步研究。

另一种方法是使用主要的引文数据库进行领域界定（Boyack and Klavans，2011a；Boyack 等，2005）：引用窗口内（如，3 年），ISI 或 Scopus 数据库中的所有记录首先被聚类到研究领域和相应专业中，并且它们的关系是基于记录之间相关性的文献计量指标（例如，在本章后面详细讨论的文献耦合频次，即 Bibliographic Coupling Frequency，简称 BCF）而被映射出来的。然后，可以选取与要界定领域相对应的聚类，用于进一步研究。这种方法的一个优点是可以在科学景观图（science landscape）中界定出领域本身及其紧邻的区域，以便研究该领域的内部结构及与其紧密相关领域的联系。（显然，这种方法只适用于世界上为数不多的，能够访问此类数据集并具有强大计算能力以处理如此大规模数据的人。）

2.2 选择对象核心集进行研究

接下来可以进一步处理前面收集的数据，以便直接分析整个数据集，来计算网络特征（network features）并创建可视化，或者提取少量核心集合以进行更紧密的考察，这些都取决于数据集的大小和所处理的研究问题。

计算机能力和网络分析技术的进步，使我们对大型数据集的网络分析成为可能，同时也很有趣。例如，Boyack 等（2005）分析了选定引文窗口内整个 ISI 数据库的引文网络，并制作了整个研究领域的学术地图。同样的研究小组随后用科学计量学对 30 年化学研究领域的结构进行了评估（Boyack 等，2009）。

然而，那些大规模的网络分析仍然超出了社会科学研究人员的常规能力，无论是处理它们还是使它们的结果有意义，况且我们可以使用引文分析方法解决的研究问题的类型是有限的。因此，本节将重点研究在之前所收集的数据集的较小的重要子网络，即核心对象的引用网络（如，论文、作者以及期刊等）。整个网络的特征可以从这些子网推断出来。因此，正确地选择核心对象（core objects）是非常重要的。

2.2.1 准则选择

核心对象应该具有代表性，尽管对于正在分析的研究领域（White 和 McCain，1998，p. 332），它们可能不是“完全确定的”。例如，当一项研究涉及其知识库的结构或对其的智力影响时，高影响力的研究（如，排名靠前的文献或作者的引用影响排名靠前的文献）将是“核心对象”的一个好选择，但如果要研究涉及该领域的当前研究活动的结构，则高影响力的研究可能不一定具有代表性，因为这些高度影响力的对象（如，已故的作者）中的一些

（如果不是很多的话）可能不再活跃。

为了研究当前领域的活跃程度或者研究前沿（research front），有学者建议，紧密和频繁耦合的文献组成了一个研究领域的“核心文献”（Glanzel 和 Czerwon，1996），在以作者为基础的研究中，应考虑作者的生产力（以他的出版物数量来衡量）和与该领域的联系（以他的平均文献耦合次数来衡量）（Zhao 和 Strotmann，2008b）。

为了研究知识分子对研究领域或其知识基础（knowledge base）的影响，可以以多种方式选择一组核心影响对象（McCain，1990b）。引证高于某一阈值（每个分析的阈值是不同的）被认为是一种很好的方法，并已被许多研究所采用（例如，Zhao 和 Strotmann，2008a；2008b；2008c；2011b；2014a）。此外，其他的引文影响度量（如，h 指数）、领域专家推荐，或者任何能够帮助确定对象的重要性的参考资料，比如“Who's Who”，都可以用于此目的。例如，如果你想在信息科学研究领域做一个以作者为基础的分析，你可以选择一组在过去 Y 年中被引用次数最多的 X 个作者。我们还可以使用“Who's Who”中的信息科学分类来选择核心作者，或者要求信息科学研究领域的一些专家从他们的角度提供最有影响力的作者的列表。然后对列表进行比较，并对作者进行最终选择，以用于引文网络分析的研究。

重要的是，被引用最多的对象往往只代表领域内最活跃和最丰富的部分。只有在每个领域都有许多高被引的代表性文献或研究人员的情况下，它们才会代表一个领域内的一系列研究。在高度跨学科（interdisciplinary）的研究领域中，子领域可能具有非常不同的引文特征，在该领域内可能存在一些重要的研究专业，这些研究领域将完全不会被高引用的文献或整个领域的作者所代表。例如，在干细胞领域，只有生物医学研究人员广泛引用，而社会科学家（例如，那些研究干细胞研究或治疗的伦理学的科学家）则完全不在那里，尽管该领域存在强大的研究群体（Bubela 等，2010）。

因此，需要谨记的是，引文网络分析提供的是一个领域知识结构的鸟瞰图。在此背景下，选择核心对象是代表整个研究领域的最佳途径，尤其是在研究核心对象的知识结构高度多样化的情况下，其就成为一个有趣的研究问题。麦凯恩（McCain，1990b）建议使用各种来源来选择作者，但有趣的是，如何改进基于引用的作者选择，这可能需要基于引文研究评估（citation - based research evaluation）中的领域标准化方法，但是要在更精细的粒度级别上，即专业领域内进行标准化（Bornmann，2010）。解决这一问题不仅可以改善共被引图谱，而且可以改善研究评价中的引文排名。因为专业标准化考虑到了领域内的差异，也许是更公平的。特别是在引文数据库（即 ISI 和 Scopus 数据库）中提供的广泛的字段分类，已经在字段标准化中使用。Leydesdorff 和 Bornmann（2011）最近提出了基于 Small 和 Sweeney（1985，p. 393）“分数引文计数（fractional citation counting）”的简单近似引用计数归一化方法，该方法不依赖于对象被分配的字段，而是直接消除引用出版物之间的引用风格差异。使用该计数方法，一篇引用了 5 篇参考文献的论文将对 5 篇参考文献的引用计数贡献 20 次，而一篇生物医学论文引用 100 篇文献将对 100 篇被引文献中的每一篇的引用次数贡献 1 次。在领域间和领域内专业之间存在文化差异影响的情况下，这种方法被认为是一种近似的领域或专业引用计数标准化的方法。

2.2.2 对象数量的选择

对于核心对象的选择，目前还没有严格的规定（McCain，1990a）。因为分析的对象越多，越能更好地表示研究领域，所以目标是在所处理的研究问题、所分析对象的类型、所使用分析工具的能力以及所得到的引用网络的可视地图的清晰度等因素的约束下，尽可能地分析更多数量的对象。

例如，在基于作者的引文网络分析（author - based citation network analysis）中，研究中的作者数量在 50 ~ 200 的范围内，最近的研究是 120 或更多（White 和 McCain，1998；Zhao 和 Strotmann，2008a；2008b；2008c；2011b，2014a）。早期研究中所分析的作者数量较少，这与 SPSS 统计软件包中多维标度（MDS）程序能够处理变量的最大数量有很大关系，因为当时的研究依赖 MDS 来创建作者共被引网络可视化。作者数量较少就足以进行作者共引分析（ACA）研究的事实也是由于 ACA 处理的对象的类型，即是对作者分析而不是文档，如下所述。

2.2.3 对象类型的选择

引文网络分析可以针对许多类型的对象，如文献、作者、期刊、机构、国家和学科类别等。研究最多的对象是文献、作者和期刊。这三者各有不同，在研究设计中应该考虑到这一点。一篇研究论文通常报告的是一项研究，范围通常很窄，在自然科学研究中可能是非常集中和具体的。在这方面，综述论文当然是不同的，因此应该被排除在使用论文作为分析单位的引文网络研究之外，尽管综述性论文已被包括在许多引文分析研究中。

作者代表了一种思想流派（school of thought），这从作者撰写的所有出版物中可以看出（即作者的全部成果）。由于研究的性质，大量作者在其研究生涯中保持在单一专业或者与之紧密相关的一些领域中。因此，作者的成果通常代表了属于单一研究领域的一个连贯的思想流派，尽管作者所涉及的主题可以从非常集中到非常广泛。

另一方面，期刊的范围可以从单个小专业（例如，当代人种论杂志）到整个学科（例如，JASIST、JDOC）甚至整个科学范围（例如，科学、自然、国家科学院学报）。因此，当用期刊作为引文分析的单位来绘制研究领域时，一些人可能会发现很难想象期刊代表什么或内涵是什么。换句话说，期刊在意义上的模糊性比文献或作者要高得多。

覆盖范围

由于粒度的差异，被分析的相同数量的对象所覆盖的研究领域的范围是从论文到作者再到期刊逐步增加的。换言之，为了表征整个领域，需要选择比论文数量少得多的作者名称，并且引用窗口可以更小，因为作者引用计数通常高于文档引用计数，并且还提高了统计质量（statistical quality）。期刊通常只用于研究整个科学或非常大的学科的结构（Boyack 和 Klavans，2011b；Leydesdorff，2008；Leydesdorff 和 Rafols，2009）。

数据收集与处理

由于基于作者的分析（author – based analyses）与基于文档的分析（document – based analyses）相比，所需的对象数量更少，引用次数更多，并且与基于期刊的分析（journal – based analyses）相比，含义的模糊性更低，因此基于作者的分析（author – based analyses）预期可以得到更清晰的引文可视化网络。

由于引文数据库检索结果中的文献可以直接按引文数量排序，而作者的引文数量必须逐个搜索，因此，基于文档的分析比基于作者的分析更容易选择用于研究的核心对象。至于基于期刊的分析，由于与文献或作者相比，引文数据库中索引的期刊数量较少，所有期刊通常都包含在图谱中，无须进一步选择。

虽然基于作者分析的数据收集比基于文档的更容易，因为著名作者的名字是唯一需要的东西，但作者姓名消歧通常是必要的，并且需要与基于文档的研究类似的其他信息（例如，期刊，页码，出版年）。在这方面，基于期刊的分析类似于基于作者的分析，但名称歧义问题不那么严重。

研究社交关系的潜力

“使用作者作为分析单元开启了探索有关认知结构（cognitive structure）和科学社会结构的问题的可能性”（White，1990）。然而，这一潜力还没有得到很好的研究。至少，当作者被用作分析单位时，除了他们的研究本身之外，还可以研究进行研究的人，这可以通过任何分析单元来研究。例如，Zhao 和 Strotmann（2008b）通过比较他们的引用身份（即，他们如何引用）和引用图像（即，他们如何被引用），来表征在信息科学（1996—2005 年）中具有高度影响力和高活跃度的作者的研究情况。他们发现，有的作者在几个专业领域发表论文，但只在一个专业中被认可；有的作者在发表论文中非常专注，但在一个以上的专业中有影响力；还有一些人成为某专业的偶像，因为他们在某一领域发表了产生深刻影响的研究。

2.2.4 引用计数

如前所述，引用计数必须通过逐个搜索单个作者来获得。

基于选择引证的核心对象通常需要对从引文数据库下载的记录进行计算机处理，即对出现在数据集中的所有对象的引用进行计数，并根据引用次数对它们进行排序。该要求适用于作者和文档，但不适用于期刊。虽然从引文数据库中检索到的文献可以在数据库中按照其引证进行排序，但这些高被引文献（例如，图书）并没有以“源文献（source papers）”的形式被索引在数据库中。书籍和会议引文索引可以缓解此类问题，但目前不可能完全解决这个问题。因此，如果需要确保引用的所有文档都包含在引文分析中，则从下载的记录中统计引用是必要的。

当然，引文影响的其他测度（例如，h 指数）可以取代引用计数，但它们通常需要更多而不是更少的处理，因此，在基于影响（impact – based）选择核心对象来进行引文网络的分析中，选择这些测度需要有充分的理由。

在引文网络分析中，要考虑引文数量和核心对象的排序问题，包括领域标准化（field normalization）、消歧（disambiguation）以及如何处理多作者的出版物（multi – author publications），以考虑学术交流中的协作问题。消歧实际上适用于所有引文分析，而多作者出版物的问题显然只适用于基于作者或基于附属关系的分析。当引文分析研究涉及一个以上的研究领域时，领域规范化往往是必要的。这些问题将在后面的章节中详细讨论，但是与核心对象的选择相关的基本思想和概念概述如下。

消歧

消歧（Disambiguation），是指处理引文数据中由同名异义（例如，具有相同名称的不同作者）和同义异音引起的问题。同义异音（allonyms）是由 Howard White 引入的一个术语，以涵盖同一作者、期刊、研究机构、国家、个别文章和书籍等变体名称的混淆（White，2001；2010a）。例如，目前发表研究论文的两位 Howard D. Whites 的名字（一个是信息科学的，另一个是医学的）是同音词，在引文分析中必须消除歧义，这样两位作者的引文数就可以分开；“Jones KS”和“Sparckjones K”是 Karen Sparck Jones 的同义异音，“J Doc”和“J Document”可以认为是从 ISI 数据库中下载的 Journal of Documentation 的异形词。来自同义异形的知识单元的引用计数应该合并。

同名异义（Homonyms）和同义异音词（allonyms）在引文数据中是常见的，这是由于各种正当的原因（如，翻译、音译或重命名），也因为在引用和索引时经常出现错误或不一致。消歧对于表示对象的真正影响十分重要。它可以影响对象的等级（当然，对于某些对象比其他对象更重要），从而影响为进一步研究而选择核心对象的结果。Derek de Solla Price 就是一个很好的例子。这位在科学史和信息科学方面非常有影响力的学者以他的多个不同名字获得了大量引用，这些名字包括 Derek John de Solla Price，Derek deSolla Price，Derek John Price 以及 D. De Solla - Price 等。如果没有适当的消歧，他可能无法到达“核心”，尽管他显然属于“核心”。

多作者出版物的处理

在研究评价的文献中，已经深入讨论了如何处理多作者（multi - author publications）出版物以考虑学术传播中的协作（Endersby，1996；Lange，2001；Smart 和 Bayer，1986；Zhao，2006b），最近还探索了引文网络分析（Zhao 和 Strotmann，2008c；2011a），建议并比较了第一作者、全作者和最后作者的计数问题。当引用了 N 个作者的 1 篇研究论文时，第一个和最后一个作者分别得到 1 次引用计数，其中的第一个和最后一个是引用次数，而每个作者都获得一次完整的引文，或以分数计算得到 1/N 次引文。

已经发现，不同的计数方法（counting methods）常常导致作者的排名不同，如对某些人比对其他人更多。这对研究评估具有重要意义，特别是基于第一作者引用计数的做法历来是常态，这部分是因为 ISI 数据库只索引了每个引用参考文献中的第一个作者的信息。一个极端的例子是，如果只统计被引用论文的第一作者，就像传统上的情况一样，就会发生甚至诺贝尔奖得主也会被完全漏掉的情况，就像山中伸弥（Medicine，2012）的例子一样，他的开创性论文都把他列为最后的作者（Zhao 和 Strotmann，2011a；2011b）。如果诺贝尔奖委员会依靠基于传统做法的引文作者排名（当然不是这样），这个奖项就会被授予其他人。

然而，对于引文网络分析，人们已经发现，无论引用和关联度如何被计算，所揭示的研究领域的总体知识结构或多或少都会保持相同，而结构的细节（如，所识别的特定的一组小专业）通过计算方法会发生改变。这些变化主要是由于不同的统计方法为网络选择了不同的作者。例如，在刚才提到的山中伸弥的案例中，只有第一作者的共引网络仍然确定了与他的开创性（ground - breaking）工作相关的专业，但是以山中伸弥雇佣的博士学生的名字为标记，这是根据生命科学的传统，将其列为了重要论文的第一作者（Zhao 和 Strotmann，2011a；2011b）。

事实上，处理多作者出版物的每种方法都有不同的含义，因此可能更适合于正在处理的某些研究问题：全作者统计确定具有高总体影响的研究人员；第一作者统计倾向于确定研究人员中谁进行了非常有影响力的研究，并强调研究人员独特的研究领域和最有影响力的贡献；“最后作者数”似乎成功地聚焦了研究者作为实验室负责人的贡献，把实验室负责人排在最后的传统是普遍存在的，其强调的是个人作为实验室负责人的独特贡献，而不是他或她的全部作品。因此，“末位作者计数”（last - author counting）倾向于确定在这些领域中成功获得研究资金并吸引杰出研究人员进入实验室的成功研究人员，就像山中伸弥的情况一样。

领域的标准化

当引文分析研究涉及一个以上的研究领域时，领域标准化（field normalization）就成为一个重要的问题。领域标准化通过研究领域、引用模式（citation patterns）等来调整引用计数，使得在各自领域中具有相似的研究影响水平的学者具有相似的标准化引用分数。例如，具有引用次数 50 的数学家和具有引用次数 5 000 的医学研究人员可以通过领域标准化引用分数彼此接近地排列，因为这两个领域之间的差异，这两个非常不同的引用计数可以很好地表示相同水平的影响。

在传统的研究评价中，领域标准化是在 ISI 数据库中对研究领域进行分类的基础上进行的。但是对于不同的研究领域，如信息科学，许多领域内专业之间的差异可能大到足以需要保证专业级别的标准化。前面提到的 Leydesdorff 和 Bornmann（2011）的专业标准化简单一阶方法（first - order approach）则可能会在这个背景下派上用场，并且可能实际上要优于传统的领域标准化方法。

领域标准化始终是评价性引文分析（evaluative citation analysis）的要求，但是引文网络分析可能需要也可能不需要，这取决于所处理的研究问题。在引文网络分析研究中，研究（子）领域的规模和其中的知识流量往往是研究领域之间被检验和比较的特征之一。领域标准化对于这些类型的研究是不合适的，因为它消除了引用所指示的研究领域在规模和知识流动方面的差异。

2.3 测量选定的核心对象之间的关联性

核心对象一旦被选择，就可以从引用者角度来计算核心对象之间的接近程度。通常将核心对象的结果置于矩阵的行或列或者行列中。该矩阵代表这些核心对象的引证网络，并且将在稍后的步骤中被进一步处理和考察。

该步骤的关键是选择一种方法来测量对象之间的关联性，并计算实际的度量值。这里将讨论几种常用的方法。

2.3.1 引用计数

最直接、最简单的方法是引文统计。引用计数的矩阵（即 citation matrix，引证矩阵）是将核心对象作为行/列，将被这些核心对象引用的文档作为列/行，以及将引用的数量作为矩阵单元格的数值。例如，在表 2.1 中，列出了 3 篇论文及其参考文献，表 2.2 和表 2.3 显示了假设当 3 篇引用文章（表 2.2）或被引作者（表 2.3）是引用网络分析中要研究的对象时（假设它们是所选择的核心对象）的引文矩阵。

表 2.1 三篇论文及其参考文献列表

Article 1	Article 2	Article 3
Andy. (2000). J1	Andy (2001). J1	Andy. (2001). J1
Andy (2002). J2	Andy (2005). J2	Andy (2003). J2
Bailey (1998). J1	Bailey (1998). J1	Bailey (1998). J1
Bailey (2000). J3	Bailey (2000). J3	Bailey (2000). J5
Candy (2008). J.	Candy (2010). J4	Candy (2008). J3
Daisy (2009). J2	Daisy (2009). J2	Daisy (2010). J4

表 2.2 三篇论文作为被研究的核心对象

Cited Articles	Citing Article 1	Citing Article 2	Citing Article 3
Andy (2000). J1	1	1	1
Andy (2002). J2	1	0	0
Andy (2003). J2	0	0	1

续表

Cited Articles	Citing Article 1	Citing Article 2	Citing Article 3
Andy（2005）. J2	0	1	0
Bailey（1998）. J1	1	1	1
Bailey（2000）. J3	1	1	0
Bailey（2000）. J5	0	0	1
Candy（2008）. J1	1	0	0
Candy（2010）. J4	0	1	0
Cindy（2008）. J3	0	0	1
Daisy（2009）. J2	1	1	0
Daisy（2010）. J4	0	0	1

表 2.3　三位施引作者作为被研究的核心对象

	Andy	Bailey	Candy	Cindy	Daisy
Citing Arricle 1	2	2	1	0	1
Citing Arricle 2	2	2	1	0	1
Citing Arricle 3	2	2	0	1	1

在引证矩阵（citation matrix）中，要考察的对象可以是施引对象（如果关注的是研究前沿），也可以是被引对象（如果关注的是知识基础），这取决于所处理的研究问题。施引对象和被引对象可以是相同类型（如表 2.2，两者都是论文），也可以是不同类型（如表 2.3，分别为论文和作者）。除了要考察的对象之外，矩阵的行/列也可以限制为所考察的对象（如，方阵），包括更多或甚至是所有被引用或被考察对象引用的对象（矩阵）。具有与行和列两者相同的对象（例如，作者）集合的引用矩阵是互引矩阵（inter – citation matrix）。当有界组的成员引用同一组的另一成员工作时，引文之间会发生相互引用（White 等，2004），而引文之间的分析可以帮助研究一组成员之间的知识交互（例如，物理部门或学术协会）。显然，相互引用只适用于可能相互引用的对象类型，包括作者、期刊或它们的集合体（例如，一个国家），而不是文档。因为通常只有较新的文章引用较旧的文章，而不能反过来。

虽然文献引用次数可能只表明文献之间的引文链接，但作者或期刊聚合引用次数可以作为施引和被引对象之间连通程度的度量（如表 2.3 所示），因此可以直接进行分析和可视化（遵循本章中的其余步骤），正如引文分析所做的那样。然而，我们已经发现，使用引用次数直接作为相关性的度量，与从它们导出的相关性度量相比，对于科学的引文网络分析不太理想。这在一定程度上是因为引文矩阵通常非常大且稀疏，这并不有助于使用通常应用于引文网络的多变量分析过程和可视化方法来产生有意义的结果。例如，表 2.2 和表 2.3 所示的两个矩阵在实际中要大得多和稀疏得多，因为实际过程涉及更多施引或被引的文章，并且参考列表之间的重叠要小得多。当是被引对象而不是施引对象时更是如此，因为引用往往遵循幂律分布，少数高度被引对象（如作者）通常被大量的论文引用。

从引文矩阵得到的对象间关联性的两种测量方法，可以很好地应用于科学引文网络分析。迄今为止它们已经得到了广泛的应用：共被引计数（co－citation count）和文献耦合频次（bibliographic coupling frequency）。这将在后文中讨论。

2.3.2 共被引计数

共被引分析是最常用的引文网络分析技术。人们普遍认为，共被引的概念是由 Small（1973）和 Marshakova（1973）独立发现的。文献共被引分析（document co－citation analysis）是由 Small（1973）提出的，作者的共被引分析（author co－citation analysis）是由 White 和 Griffith（1981）提出的，以及期刊的共被引分析（journal co－citation analysis）是由 McCain（1991）提出的。

当两个分析对象出现在同一参考文献列表中时，它们则被认为是共被引的。引用列表包含两个对象的数量即是这两个对象的共被引次数。这一假设是，当论文的作者将两个对象都列入其论文的参考清单时，则认为这两个对象的主题或方法相关。而且，做同样工作的文章越多，这两个对象之间的关系越密切。

例如，由表 2.2 中的数据可见，Andy（2000）和 Bailey（1998）之间的文献共被引次数是 3，因为这两个都出现在所有三篇文章的参考列表中，以及 Andy（2002）和 Bailey（1998）之间的 1（article 1）。Andy 与 Bailey 及 Andy

与 Daisy 的作者共被引次数为 3，Andy 与 Candy 的共被引次数为 2（articles 1 和 2），Andy 与 Cindy 的共被引次数为 1（article 3）。期刊共被引结果为，J1 与 J2 之间及 J1 与 J3 之间的共被引次数为 3，J1 与 J4 之间的共被引次数为 2（articles 2 和 3），J1 与 J5 之间的共被引次数都为 1。这些文档、作者以及期刊的共被引次数很容易从表 2. 2 和表 2. 3 的引证矩阵中获得。

共被引次数的变化主要来自两个方面：

（1）影响共被引次数作为相关性测度的因素共有两个。

其中的一个因素是每一篇施引文献中所引用被引文献的频次。如上例所示，每一篇施引文献在共被引计数中得到一票，这决定了被引对象之间的相关性，而在论文中引用这些对象次数的多少并不重要。例如，同一作者或杂志常常多次出现在参考文献列表中，因为同一作者写的或在同一期刊上发表的几篇文章可以在同一论文中被引用（如，Andy 和 Bailey 以及上面的期刊 J1 和 J2）。类似地，即使被引的每个文献在引用列表中只能出现一次，在文本中也可以被多次引用。虽然可以预见，Andy 与 Bailey 的关系比与 Daisy 的关系更密切，因为 Daisy 只出现一次，而其他两位作者在三篇施引文献中出现多次。但是，传统的共被引计数法给予这两对被引对象相同的计数（3），因为所有三篇施引文献都包含在它们的参考文献列表中。也许值得研究的是，两个对象之间的共被引计数是否应该用它们在文本中以及在参考文献列表中的被引次数来加权，以便更精确地测量它们的相关性。

除了频率加权共被引计数之外，根据文本中引用文献的位置来加权共引，称为位置加权计数。如，出现在同一正文引文中的两篇文献（例如，在 APA 中的同一组括号中）预期要比同一句子或同一段落中被引用的两篇文献更紧密。已有研究发现，考虑引文在文本内相对位置的共被引计数有助于更清晰地描述研究领域的知识结构（Boyack 等，2013）。然而，这种变化或改进的缺点是，除了引用数据库之外，还需要访问施引文献的全文。显然有必要进行更多的研究，以调查这项工作的收益是否值得额外投入。

影响共被引计数的另一个因素则与规模相关。若两个对象在每次被引用时都存在共被引，则比引用时仅有 10% 的共被引关系更加密切，即使前者的计数要小于后者。例如，在一项研究中的两个具有高度影响力的文献（X 和

Y），每一个被引用了 500 次，而共同被引用了 10 次。另外两个文献（A 和 B）的共被引次数也为 10，但每个文献的引用计数也为 10 次。这意味着 100% 使用 A 和 B 的文章认为它们与同一主题有关，而使用 X 和 Y 的文章中只有 5% 认为它们是相关的。这个百分比可能要比原始共被引计数能更好地表现关联性指标。

在引文网络分析的历史上，亨利·斯莫尔（Henry Small）非常早地提出并测试了这一思想，他使用两个文献的共被引次数除以这两个文献的引用次数之和，作为一种在进行文献共被引矩阵聚类之前的标准化方法（Small，1973）。虽然作者或期刊的共被引次数可能比文献共被引次数更多地受规模因素影响，但很不幸的是这种共被引次数的变体，通过引用次数归一化的共被引计数，并没有被其他研究者太多地使用。

（2）在论文有多个作者的情况下，计算作者共被引频次的各种可能方法。

自怀特（White）和格里菲斯（Griffith）（1981）引入作者共被引分析以来，该方法一直作为分析研究领域知识结构的一个主要研究工具。作者的共被引分析定义为：每个作者的文献中至少有一篇文献出现在同一参考文献列表中时，则作者的共被引形成。在这个意义上，他们被共同引用的文献的数量（施引文献的数量）则可以认为是共被引的频次。经典的 ACA 将作者的论文定义为以作者为第一作者的所有文献（McCain，1990b），因此在计算作者共被引频次时，仅使用关于文献的第一作者的信息。这被称为第一作者共被引计数（first - author co - citation counts）。

以表格 2.1 中的数据为例，Andy 与 Daisy 或 Andy 与 Bailey 的共被引频次都为 3，这是因为 3 篇施引文献的参考文献中都包含了这些作者。Andy 与 Candy 的共被引频次为 2（articles 1 和 2），Andy 与 Cindy 的共被引频次则为 1（article 3）。

这一定义在很大程度上源于从 ACA 研究的主要数据源（ISI 数据库）直接检索这些计数相对容易，而 ISI 数据库目前只对参考文献中的第一作者进行索引。在这些引文索引中找到被引文献的完整作者集的唯一方法是将参考代码与相应的源文献进行匹配，这是一种费力且容易出错的操作，只有被引的文献恰好也被索引为源文献（施引论文）时才有可能。因此，使用 ISI 数据库进行第一作者共被引计数几乎是不可逾越的。

随着 ISI 数据库的替代品变得可用（如 Scopus），已经有可能进行所有作者的共被引分析研究，即对包括所有作者的引用参考文献数据集进行研究。因此，作者的共被引计数的概念已经从第一作者扩展到了基于所有作者的计数，并且已经有学者确定了基于所有作者共被引计数的几种可能定义（Rousseau 和 Zuccala，2004；Zhao，2005b，2006a；Zhao 和 Strotmann，2007，2008c，2011a）。

所有作者的包容性共被引源于经典的第一作者共被引。简单地将作者的论文重新定义，将作者列为作者之一而不是第一作者的所有论文，并保留了两个作者之间的共被引的定义，即引用两个作者的论文的数量。因此，这一定义包括了共被引中的作者合著情况，因为该情况下两个作者被认为是共被引的，同时两个作者也存在合著关系。

排他性作者共被引是在“包含所有作者的共被引（Inclusive all - author co - citation)”中，排除了纯被引用的作者合著。其重新定义了两位作者之间的共被引，用包含不同作者文献的论文数来代替。即，参考这些作者的论文，都不能指向由两位作者合著的同一文献。

需要注意的是，当计算的不同作者都发表了独立论著时，包容性和排他性作者的共被引数是相同的。然而，同一作者共引计数（即，作者与他自己的共同引用计数）将不同：包容性计数将计算一个作者的引用次数，排他性计数将严格地计算作者与其自身的共被引次数。因此，对于第一作者的共被引矩阵而言，后者提供的对角线更有意义。

末位作者的共被引计数也被引入，用来解释某些研究领域末位作者在研究中起到的特殊作用，例如生物医学。通常实验室的负责人被列为该实验室所产出的大多数论文的最后一位作者（如果不是所有的论文产出于该实验室）(Sonnenwald，2008)。正如前面提到的 2012 年诺贝尔医学奖获得者之一山中伸弥（Shinya Yamanaka)，曾被列为获得该奖影响力极高的论文的最后一位作者。

末位作者共被引计数和第一作者共被引计数是相似的，只是分析的作者的作品是指所有以作者为最后一位作者（而不是第一作者）的作品。

总之，在三种方法（即第一、最后和所有作者计数）中，排他性的所有作者共引计数似乎是最合适的。不同类型的计数似乎具有不同的含义，每一种都反映了该领域的知识结构稍微不同的方面。或者说，任何计数方法似乎在 ACA 的研究中都是有用的，其目的是获得研究领域知识结构的总体概述。但是对于详细结构和不清楚的外围专业的结论，要非常谨慎。这种谨慎对于选择一组代表性作者以基于真实性度量进行分析的 ACA 是特别必要的，但是当以其他更直接相关的方式（如，Who's who）选择作者时，可能不需要很谨慎，ACA 仅用于绘制这些作者之间的相互关系。

虽然它似乎是三者中最合适的，但是由于当前引文数据库的支持有限，所有作者的引用和共同引用计数比第一作者（也可能是最后作者）共被引计数要复杂得多且成本高得多。ISI 和 Scopus 可以直接支持第一作者的计数，并且可以使用 Scopus 的数据直接提供末位作者的计数（或许多研究领域中的几乎所有作者分析），Scopus 的数据可以很容易地提供引用参考文献的前七位和最后一位作者（即使是那些拥有大量作者的论文）的计数。然而，所有作者的计数需要在复杂得多的步骤中将现有引文与其他书目数据库结合起来，以便收集必要的数据和清洗不必要的数据。另一方面，作者姓名自动消歧使得全作者（或接近于全作者）分析要容易得多，因为一些成功的方法在很大程度上依赖于每个引用参考文献作者的可用性以及全称（不仅仅是作者的姓和最初的组合）。

收集作者共被引计数（或其他知识单元，如文献或期刊的共被引计数），通常可以从 ISI 或 Scopus 中下载数据，并在计算机上进行处理。遗憾的是，公共可用、相对容易使用的用于处理和可视化引用数据的计算机程序（如 CiteSpace、VOSviewer）不能输出共被引次数，即使它们作为中间步骤已在其内部产生了共被引次数。

2.3.3　文献耦合频次

文献耦合的概念甚至比共被引的概念更早。如果两篇论文在它们的参考文献列表中包含相同的项目，则认为这两篇论文是耦合的，那么它们的参考文献列表所共有项的数目就是这两个文档的 BCF（文献耦合频次）。BCF 越高，则认为两个文献的相关性越高（Kessler，1963）。

例如，在表2.1中，论文1和3（或2与3）的耦合频次是2，这是因为它们的参考文献列表中包含2个相同的文献“Andy（2001）.J1”和“Bailey（1998）.J1”。论文1和论文2的耦合频次为4，这表明了论文1和论文2要比论文1和论文3更为相关。

使用BCF来测量文档之间的相关性，被映射的是施引文献、作者或期刊，而不是被引文献、被引作者或被引期刊。因此，BCF可以对研究领域的最近活动（或研究前沿）进行研究，而共被引分析可以考察该领域过去的知识影响及研究基础（Cornelius等，2006；Persson，1994）。同时，文献耦合和共被引分析可以揭示研究领域的更完整的图像，并且可以支持对研究领域所处的发展轨迹（development trajectory）的研究（Zhao和Strotmann，2008b；2014a）。

BCF方法主要是为了信息检索（information retrieval）而被引入的（Kessler，1963），很少被应用于研究评估或知识网络分析，尽管其具备作为文档之间相关性测度指标的特征。这在一定程度上可能是由于直接从人们非常依赖的数据库（如ISI数据库）中检索BCF比较困难。然而近年来，基于BCF测度的知识网络分析研究在所有层次上都出现了复苏：例如文档（Jarneving，2005；2007）、期刊（Boyack等，2007）和作者（Zhao和Strotmann，2008b；2014a）。

BCF的变化也主要来自以上讨论的共被引计数的两个来源，即如何衡量引用和如何处理多作者文献。此外，如何为作者累积BCF（即，如何计算作者聚合BCF）将可能产生各种BCF计数。

正如两篇论文之间的BCF被定义为两篇论文所共有的引文数，两个作者之间的BCF可以被定义为这两个作者共有的引文数。一方面，这可以理解为两个作者的著作中个别出版物共有参考文献的程度，因此这两个作者之间的BCF可以通过累积这些文档BCF来计算。另一方面，我们可以更简单地将作者的完整文献视为单一成果，并将两个作者之间的BCF计算为他们各自作品的参考文献集之间的重叠。这可与基于频率（frequency-based）的加权机制组合以获得更精细的计数（Zhao和Strotmann，2008b）。例如，某篇论文被作者A的N篇论文引用，被作者B的M篇论文引用，A和B之间的BCF可以定义为 min（N，M），即 N 和 M 中的较小者（Zhao 和 Strotmann，2008b）。在数学上，这对应于计算引文多集合之间的交集，而不是集合本身。需要通过研究探索其他变量，并比较它们对科学地图的影响。

2.3.4 其他基于引用计数的相似性指标

共被引次数和 BCF 都可以容易地从原始引文矩阵（raw citation matrix）获取。在上述示例中（表 2.2），如果论文 1、2 和 3 是要映射的对象，则可以将它们之间的 BCF 计算为两个对应向量的标量积。例如，BCF（论文 1 和论文 3）= V1（1，1，1，1，1，1，0，0，0，0，0，0）x V2（1，0，1，0，0，0，0，0，1，1，1，1）= 2。类似地，如果被引文献是要映射的对象，则可以以类似的方式计算它们的共被引频次。例如，论文 Andy（2000）J1 和 Daisy（2009）J3 的共被引频次为 2，即 2 =（1，1，1）x（1，1，0）。

共被引次数（Co - citation count）、文献耦合频次（BCF）以及它们的变体，实际上可以被认为是研究者所定义的（researcher - defined）相关性测度的例子，它们被很好地建立并得到了广泛的应用。换句话说，它们是研究者定义的对象间相关性度量的特例。原则上，一些其他的相关性度量也可以被定义，并从研究人员或者常用的统计相似性方法（如皮尔逊相似性、余弦相似性）中获得。例如在表 2.2 中，使用引文向量的乘积计算得到论文 1 和论文 3 的 Cosine 相似性是 1/3。然而，需要进一步研究测试这些测度如何在引文网络分析中起作用。

2.4 引文网络的统计分析

上面讨论的矩阵连通性度量（即引文矩阵、共被引矩阵和耦合矩阵），表示被选择用于研究对象的引文网络。我们可以使用统计分析（statistical analysis）、网络分析（network analysis）和信息可视化（information visualization）中的技术和过程的组合来分析它们。在本节中，将讨论常常应用于引文网络分析的统计分析过程以及所涉及的问题。下面将讨论网络分析和可视化，因为一些统计分析结果（如通过因子分析得到的因子矩阵）也可以被认为是网络。

2.4.1 常用统计分析方法

在引文网络分析中，最常用的统计分析方法是因子分析（factor analysis）、聚类分析（cluster analysis）和多维尺度分析（MDS）。这三种技术是相互依赖的，这意味着它们检验了整个相互依赖的关系集，并且不区分依赖变量和独立变量。目前已经有多个工具包，例如 SPSS、R 等应用程序可以用于聚类分析、因子分析和多维尺度分析。

聚类分析（Cluster analysis）或聚类是将一组对象分类为两个或更多互斥组（称为聚类），使得同一聚类的成员之间的关联程度强，而不同聚类的成员之间的关联程度弱。因子分析（Factor analysis）识别大量变量背后的较小数量的因素，并确定变量的因子得分。因子得分显示了观察到的变量和识别的潜在因素之间的关联水平，这有助于将变量放入类别中，并选择表示类别的变量。

显而易见，聚类分析和因子分析都可以使我们深入了解分组，并帮助我们将对象放入组中。区别在于，作为组的聚类是互斥的，而作为组的因子可以重叠，这意味着在聚类分析中每个对象当且仅当被放入一个组中。但是在因子分析中，因子可以在多于一个组中具有成员资格，并通过因子载荷表示不同组的不同级别的关联。将这些概念应用于引文分析，一篇文档（或作者、期刊等组成的一组）仅仅属于聚类分析的单个组（即专业），但在因子分析中却可以在多个专业中具有成员资格，每个专业中的成员资格强度由其因子载荷（factor loadings）表示。因此，因子分析似乎更适合于对引文数据的分析，因为作者或期刊更容易属于两个或更多的专业，即使是范围狭窄的论文影响也可能多于一个专业的研究，从而被读者认为属于两个或更多的专业。应用于引文数据的聚类分析集中于每个对象的主要成员，并且可以更快地对大量对象进行分类。几乎所有基于引用链接方法对整个学术领域的可视化都使用了聚类分析（Boyack 等，2009；Boyack 等，2005；Small，1999b）。层次聚类方法（Hierarchical clustering methods）还提供了关于聚类过程的细节（即，哪个对象在哪个点合并到哪个集群中），并在原则上可以用于科学研究的映射。

MDS 将 N 维中的相互关系映射到较低（通常为 2 个或 3 个）维，从而可以对对象之间的相互关系进行可视化表示和探索。MDS 的另一个主要目标是解释（特别是标记）在其上对象缩放的两个或三个轴（White 和 McCain，1998）。虽然自然分组在 MDS 图上是可见的，但是 MDS 经常与聚类分析一起在引文分析中使用。这使得用 MDS 生成的二维空间的对象，可以明确地标记为与聚类结果一致的分组。

最近，LDA（Latent Dirichlet Allocation）成为文献计量聚类研究中的一种替代方法。LDA 与因子分析密切相关，因为它也可以用来决定一个对象属于一个主题的程度（LDA 主题的因子或聚类）。同时，LDA 算法在速度上类似于聚类算法，从而为文献计量学在聚类和因子分析方法之间提供了理想的折中。然而，LDA 最初来源于全文分析方法，因此在引文数据分析中需要有一个适应的过程。在从全文中提取作者姓名作为词的情况下，可以看到这种修改在实践中是如何起作用的（Strotmann 和 Bleier，2013）。

2.4.2 作者共被引的因子分析

当在引文网络分析研究中应用这些多元统计分析（multivariate statistical analysis）方法时，需要做出许多决策。不同的决策可以产生不同的结果（Leydesdorff 和 Vaughan，2006），因此重要的是理解可用的选项，理解可以使用不同的技术获得的不同结果，以及某些技术何时以及为什么可能比其他技术更合适。这通过作者共被引分析中的因子分析来说明。

因子分析（FA）从一开始就被应用于 ACA 中（White 和 Griffith，1981）。正如前面提到的，它的目标是寻找少量有意义的潜在因素来对大量对象之间的关系进行解释，并在 ACA 中用于揭示研究领域的知识结构和作者在一个或多个这样的专业领域中的成员角色。FA 在 ACA 中的应用已经表明，对于一门学科的性质，FA 提供了清晰的结果（White 和 McCain，1998）。

除了其他多变量分析技术（如聚类分析或多维尺度方法）可以识别研究领域的专业结构之外，FA 也可以将个体作者分配给多个专业，可以指示作者与他们所属专业之间的关联程度，并且可以测度“专业之间的关系程度”

（White 和 Griffith，1982，p. 260）。

当在 ACA 中应用 FA 时，研究人员面临许多方法决策，包括输入 FA 程序的数据类型、提取因子的方法、提取因子的数量、应用哪种因子旋转方法以及考虑哪种因子负荷对解释因子有意义。

对之前 FA 应用 ACA 分析，我们总结了如下的常用实践：

（a）主成分分析（principal component analysis）是提取因子的主要方法；

（b）Kaiser 的“特征值大于 1”的规则是决定选择的因子数量的主要技术；

（c）原始共引频次矩阵被用作因子分析过程的输入数据；

（d）在 ACA 中应用了正交旋转和斜旋转（orthogonal and oblique rotations），以便于解释结果；

（e）不同的因子载荷（factor loadings）阈值（范围从 0. 3 到 0. 5）被用于解释结果。

然而，研究人员似乎在很大程度上对为什么选择特定技术而不是相同类型的其他技术避而不谈，也没有比较相同数据集上使用不同技术（例如，斜向旋转和正交旋转）获得的 ACA 结果，以帮助研究人员在这些数据集中进行选择。但是，Zhao 和 Strotmann（2008a）研究了在文献中存在的混淆 ACA 中 FA 的旋转方法。

在 FA 中有两种因子旋转的方法：正交（orthogonal）和斜交（oblique）。理论上，正交旋转假设所得到的因素不相关，并且最好将其用于揭示所研究的底层结构的独立维度。相反，斜交旋转不限于保持所提取的因子彼此独立，当理论上可以预期所得因子实际上为相关时，可以更好地分离出因子（Hair 等，1998）。

在 ACA 的情况下，大因子被解释为研究领域内的专长，因此可以预期因子之间的相关性相当高。事实上，在不同领域中已经发现了因子之间的高相关性。在已经给定的研究中，报告的两个因子之间的最高相关性在 0. 39 ~ 0. 65（McCain，1990a；White 和 Griffith，1982；Zhao，2006a）。因此，理论上斜交旋转更适合于 ACA。此外，斜交旋转还有另一个优势，就是可以产生一些对 ACA 有用的附加信息。包括：（a）成分相关矩阵显示了因子之间的相关程度（McCain，1990a；White 和 Griffith，1982）；（b）因子载荷的模式矩阵表现了个体作者（变量）对专业（因子）的独特贡献；（c）载荷是“变量和因素之间的简单相关性”的结构矩阵，并且由作者对每个因素的独特贡献以及因素之间的相关性来确定（Hair 等，1998，p. 113）。而正交旋转仅会生成一个随后用于解释的成分矩阵（component matrix）。

然而，在实践中，斜交旋转和正交旋转都已经被用于 ACA 的研究，即使是相同的作者，这两种类型的研究也已经证明了因子分析法对 ACA 是相当有用的。例如，McCain（1990）、White 和 Griffith（1982）应用了斜交旋转方法，并讨论了这种方法对测度因子之间相互关系的优势。但这些作者后来的研究转向了正交旋转，却没有说明他们为什么做出了这样的选择。然而，该研究中使用的正交旋转仍然清晰地揭示了信息科学领域的本质（White 和 McCain，1998）。

2.4.3 统计过程的数据输入

传统上，在诸如 ACA 的引文网络分析中，对称（symmetric）的共引或 BCF 矩阵被用于以上所讨论的多变量分析过程。这不仅需要一些数据准备，而且也提出了一些问题。

输入数据的手工检查和编辑

当相关性度量（如，共被引频次、文献耦合频次）被输入矩阵中时，一些行和列可能包含太多的零元素，这意味着对应于那些行和列的作者与基于引文链接的许多其他作者无关，因此可能不是网络分析所关注领域的代表性对象。然后，需要根据一些特殊的标准，删除相关性矩阵中的这些对象对应的行和列（McCain，1990b），例如超过 5% 的零值单元。因此，在某些对象最终将以这种方式被删除的情况下，通常最好为更多的对象建立一个相关矩阵，而不仅仅是最终要映射的对象数量。

由于引文数据的模糊性和前面 2.2.4 节中提到的歧义消除的困难，很可能在共被引矩阵或文献耦合矩阵中存在同一对象由不同名称表示的情况（如一个作者的两种变体）。通常需要手工检查来识别这些情况，并通过将这些对象的数字相加来合并这些对象。利用上面的示例数据，如果发现 Candy 和

Cindy 是同一个人的两个名称，则对应于这些名称的两个列应该合并为单个列，如 CandyCindy（1，1，1）。如果相关性矩阵是共被引或文献耦合的对称矩阵，则同样需要对对应的行进行类似的处理。

对角线值

在共引计数或 BCF 的对称矩阵（symmetric matrix）的情况下，需要确定的另一个技术细节是主对角线单元格（main diagonal cells）中放置的是什么。

从概念上讲，对角线值是对象与其自身的共被引频次或耦合频次，其对应于相应对象的引用次数或它在所有类型（文献、作者以及期刊等）的对象文献中共被引或耦合的次数。这里的问题是，这些对角值可能比非对角单元中的任何值大得多，这可能会在统计分析中存在问题，因此需要以某种方式缩小它们（Kreuzman，2001；White 和 McCain，1998；McCain，1990b）。由于这个问题，以及这些对角线值不能被给予与非对角线值相同的解释，所以它们通常会被对应的非对角线所计算的值代替。例如，一些研究采用每个对象的三个最高非对角线值之和的平均值（Culnan 等，1990；White 和 Griffith，1981）。而其他研究只是将对角线留空，让统计程序将它们视为缺失值，并用平均值替换它们（McCain，1990b；Zhao 和 Strotmann，2008a；2008b）。

在对除论文（例如，作者、期刊）之外的对象进行共引分析的情况下，对象与其自身的共被引频次可以计算为引用了由相应对象产生的至少两个不同文档的文章数量。例如，作者与自己的共被引频次是指引用作者所撰写的至少两个不同文献的文章数量。如 2. 3. 2 小节所述，当使用排他性引用计数时，这些对角线值在意义和尺度上与非对角线值一致。这些理论上理想的对角线值被发现在科学地图的实践中产生了更好的结果（Zhao 和 Strotmann，2008c）。

例如，在表 2. 2 中，Daisy 和她自己的共被引数是零，Andy 和她自己的共被引数是 3，因为三篇文章都引用了 Andy 的两篇不同的文章。

对使用对称共引和耦合矩阵的担忧

大多数统计分析方法都要求对数据进行统计处理，有些方法甚至要比其他方法更严格，如分布和变量—样本比率。违反这些要求通常意味着结果的无效，满足这些要求的数据的分析结果通常要更加理想。例如，作为“典型”

行为预测因子的平均值需要数据具有正态分布的特征，但是引用数据通常是遵循高度倾斜的幂律分布（power law distributions）。当使用引用数据比较不同对象（例如，作者、大学）之间的研究影响时，现在普遍接受的是应当使用百分位数，而不是平均或平均引用计数（在过去，这些是用于比较的主要指标）。

然而，在引文网络分析（如 ACA）中，有一个有趣的现象：分析可能会违背统计原理要求，有时甚至很严重，但共引分析的结果是有意义的，或者与符合要求的数据相比信息要更丰富。我们在上一节 ACA 的因子分析上已经看到了这一现象。在这里我们还可以看到所输入的数据，也将在下一节中看到关于统计相似性度量的数据。

以对称共被引矩阵中的数据作为输入（如，共被引计数），用多元分析程序（如：因子分析和多维尺度分析）对原始观测值进行处理，并由此计算统计相似度或距离度量（如：皮尔逊相关系数），以在后续处理中使用。考虑到共被引频次或文献耦合频次实际上可以被认为是研究者定义的从原始引用计数中计算出来的相似性度量，如 2.3.4 节所述，已经提出了关于这种数据处理方式在统计上是否合适的问题。因为它似乎用另一种相似性测度方法（例如，共引技术或耦合频次）来为多元统计分析方法计算相似度或度量距离，因此要考虑是否最好直接使用共被引技术作为相似性测度，还是将引证矩阵作为统计分析的输入数据来代替（Schneider 等，2009）。

此外，以对称的共被引或文献耦合频次矩阵作为输入数据，变量的数量和样本或观测对象的数量是相同的，这违反了许多统计教科书中所阐明的对因子分析的要求：样本数量应是变量数量的一个大的倍数，这样因子分析（factor analysis）才能发挥作用。

有研究已经将对称和非对称引文矩阵作为 MDS 的输入数据，并使用它们之间 MDS 结果的比较来讨论这些问题（如，Leydesdorff 和 Vaughan，2006；Schneider 等，2009），或者在作者共被引数据的因子分析中使用比变量更多的样本，并将结果与对称引文矩阵（symmetric co – citation matrix）的结果进行比较（Zhao 和 Strotmann，2008c）。这些研究似乎从本质上得出了结果，认为对称矩阵在引文映射实践中要比（或者至少是）非对称矩阵效果更好，尽管在理论上非对称矩阵（asymmetric citation matrix）要更合适。

对称共被引或耦合矩阵的因子分析结果的稳健性，在理论上是出乎意料的。但正如引文分析几十年来论证的那样，它们确实是一个令人困惑的现实。这个数学难题可能会引起专业统计学家在未来进一步完善统计过程的兴趣。实际上引文矩阵是非常稀疏（sparse）的，而共被引或者耦合矩阵要更稠密。用共被引或耦合矩阵作为数据输入来代替原始引文矩阵，是进行多元统计分析过程中的数据平滑（smoothing）和“折叠”处理。不同于原始文献或作者引文矩阵中的数值，导出的共被引矩阵或文献耦合矩阵中的数值呈现了文献计量学中的典型特征——幂律分布。这转化成了高度放大的信号，以便统计方法的使用。

然而，必须指出的是，由此产生的统计模型适用于汇总数据而不是“原始（raw）”数据。即，它是作者如何共被引而不是被引的模型。作为汇总数据，结果极有可能显示出更高的模型匹配性。还要注意的是，数据平滑或折叠处理没有所谓的“非正统”，而是一种在统计中定期进行的操作。物理学家采用折叠处理，如傅立叶变换（Fourier transform），而计算机视觉的研究人员采用“帽子平滑（sombrero hat smoothing）”，来将嘈杂的数据转换成“适当的形状”，以便于分析。

尽管如此，建议在一定程度上选取更多的作者作为样本而不是变量，来考虑变量—样本比率建议（Hair 等，1998）。例如，Zhao 和 Strotmann（2011a）在三个 300×300 的共被引矩阵中，选取了 200 名作者作为变量进行因子分析，从而得到了由 300 对（共被引作者）作者样本建立的 200 位（被引作者）作者变量的有效矩阵。

2.4.4 确定相似度测量

如果直接进行比较，原始连接度（例如：共引计数）可能会产生很大的误导性。因此原始的连接度量矩阵通常会被转换为某种相似矩阵，例如皮尔逊相关系数（Pearson's r correlation coefficient）或余弦相似度（Cosine similarity）。这种转换似乎有很多优点，因为所分析的结果是一个规范化的度量，它考虑到了对象的整体共被引或耦合的记录，而不是独立的共被引或耦合频次，即它们与其他所有对象的共被引（Kreuzman，2001）。

SPSS 中实现的引文网络分析所使用的多变量分析方法（例如，聚类分析、因子分析和多维尺度分析），将这种转换作为例程的一个组成部分来进行。一些程序（如 MDS），还可以采用余弦者距离矩阵计算相似性，并直接进行其余的分析（Leydesdorff 和 Vaughan，2006）。它支持需要某种类型的相似性或距离度量的情况，但并不是集成在多变量分析例程中的选项之一。

应该采用哪种相似性度量来处理引文数据，在共被引分析的专家中产生了争论。从数学角度来看，余弦相似度虽然比皮尔逊相关系数 r 具有更理想的性质，但在 SPSS 中，余弦相似性是因子分析过程的一个组成部分，常常被用在作者的共被引分析研究中。它们产生的共被引分析结果的差异并不大（Ahlgren 等，2003，2004a，2004b；Bensman，2004；White，2003a，2004a）。

这一讨论结果的另一个例子说明了上面刚刚讨论的共被引分析（并且可能存在于一般引文网络分析中）的有趣现象。即使统计理论认为这些方法存在问题，但引文分析实践在实际上也产生了有意义且信息丰富的结果。

2.5 网络分析与可视化

虽然有着悠久的历史，但近年来各种类型的知识图谱和可视化（例如，基于引证的网络）吸引了图书馆和情报学领域内外学者的极大兴趣。这可能是由多种原因造成的。近年来，随着万维网的爆炸式发展以及大量在线数据库的出现，知识被以数字化方式广泛提供，为进行这类研究提供了大量的数据。此外，计算能力的提高使得社会科学研究人员能够对如此庞大的信息网络进行例行分析和可视化（Shiffrin 和 Borner，2004；Zhao 和 Strotmann，2008a，2008b，2008c）。

网络分析与可视化有三个主要组成部分：（a）分析的对象；（b）对象之间的关系；（c）图谱或可视化的工具。前两个组成部分，主要对应于网络的节点和边。后一个主要对应于在二维或者三维空间中生成网络的表示方法，以便进行简单、直观地查看或交互式探索。还可以计算诸如中心性

（centrality）之类的网络属性，以测量网络和参与对象的特征。

传统上，正如前文所讨论的那样，论文、专利、作者以及学术期刊被作为分析的对象，从它们当中得到的引文次数或者得分，如被引次数或者文献耦合频次，作为这些对象相关性的衡量尺度，多维尺度分析（MDS）则作为图谱工具。传统的MDS作为引文网络可视化的早期示例，按照聚类分析的结果，将其进行相应的分组（Small，1977；White 和 Griffith，1981）。

所有这些最近都适应了网络环境（例如，被视为期刊的网站和作为引用链接的超链接），并产生了网络计量学（Thelwall 等，2005）。最近的研究中出现了新类型（例如，基因和 DNA 序列）的对象及其关系（Barabasi 等，2011；Hu 等，2013），因此也出现了新的图谱或映射方法，如寻径网络（Pathfinder networks）、自组织图谱（self - organizing maps）、交叉图（Crossmaps）等，用于对不同实体之间的复杂关系进行可视化（Borner 等，2004；Boyack 等，2007；Boyack 等，2005；Chen，2006；Henzinger 和 Lawrence，2004；Morris 和 Yen，2004；Van Eck 等，2005；White 等，2004；Wilkinson 和 Huberman，2004；Zhao and Strotmann，2008a，2008b）。研究人员还开发了一些专门用来进行引文网络可视化（例如：CiteSpace，VOSviewer 以及 SCI2 等）或进行一般网络分析与可视化的软件包。后来一些软件（例如，Pajek 和 Ucinet）也被应用于引文数据的分析中。所有这些软件包都是可以在网络上免费获取的（Ucinet 除外，它是一个低价的社交网络分析包）。

在最近的研究中发现了两种引文网络分析与可视化技术，特别容易理解和应用，并提供了翔实的结果。因此，下文将重点对其进行介绍。第 5 章将对这些方法和引文网络分析与可视化进行详细的讨论。

近年来，社会网络分析方法（Social Network Analysis，简称 SNA）和工具已应用于引文网络（例如，Leydesdorff，2007；Wagner 和 Leydesdorff，2005）。SNA 提供了对人与群体之间关系的可视化与数学分析。除了关系的可视化表示外，SNA 中的节点中心性度量还可深入了解网络中各种角色的分组：谁是连接者、专家、领导者、桥梁和独立者；聚类在哪里以及谁在其中；谁是网络的核心，谁又是网络的外围？例如，度中心性（即节点具有的直接连接数）测量节点的本地连接，并标识网络中的连接器或集线器，而中介中心性（即从所有节点到通过节点的所有其他节点的最短路径的数量）测量放置在节点上的负载，表明了全局的重要性。具有高中介中心性的节点对于网络中的流量具有很大的影响。

Zhao 和 Strotmann（2008a）介绍了一种基于 ACA 的因子分析可视化方法，该方法也适用于可视化类似的因子矩阵网络，例如 Hu 等（2013）的结果。该技术的核心目的是根据作者对因子的载荷，将因子分析的结果直接可视化为作者和因子（例如，专业领域）的二分网络（bipartite network）。这种可视化能够使我们以凝缩的可视化方式来查看因子结构，以帮助理解和解释结果。

最近，通过将引文影响和"模式和结构矩阵"（来自因子分析结果）的信息特征与倾斜旋转结合到一个图中，来改进该技术（Zhao 和 Strotmann，2014a）。由此产生的可视化结果是一个单一整洁与布局稳定的地图，更清晰地可视化了各个作者的影响程度（用作者节点大小表示）、每个专业的突出程度（因素节点的大小）、专业与作者之间的关系（通过地图布局和节点位置），以及每个作者在专业领域中的身份（连接线）。

在第 5 章中进一步讨论了此技术，并提供了有关使用此技术创建可视化步骤的详细信息。

当然，其他不依赖于引文链接的文献网络（例如，作者合作网络、共词网络）也可以以类似的方式应用其中的许多方法和工具，但在本书中没有明确讨论这些方法和工具。引文路径的可视化也不是随着时间而推移的（Bagatelj，2003；Garfield 等，2002）。由于引文路径几乎没有包含循环，其性质与作为本书重点的循环引文网络（cyclic citation networks）是不同的。

2.6 解释与验证

可视化以及多元统计分析（例如，因子分析、聚类分析以及多维尺度分析）使得识别对象之间的关系变得更加容易。大量的对象关系信息首先被转换为因素或聚类之间（明显要少）的关系，以及对象和这些组之间的关系，然后被以可视化的形式呈现。可以基于这种可视化来尝试解释，即“依赖于发现作者集群、因素以及地图维度来展现学术贡献、机构或地理联系、知识关联等方面的内容”（McCain，1990b，p. 441）。虽然引文分析在结果解释方面，很大程度上依赖于学科专家，但引文分析在领域知识结构研究中的主要优点之一就是能够帮助细心的非专家获得对领域的基本理解。当然，领域专家可能要比非专家从引文分析结果中得到更多有意义的结果（White，1990）。

来自不同类型的统计分析和可视化的结果可能需要不同的解释，但是不同类型的分析也有一些共同点需要解释（White，1990；Zhao 和 Strotmann，2008a，2008b，2011a，2014a）。

专业或思想学派

规模大且分组清晰的对象群（例如，聚类或因子）被解释为研究领域的专业方向或者思想流派（schools of thought）。“专业”一词在研究领域的意义上使用，而不像 Morris 和 van der Veer Martens（2009）那样在最小内聚性研究社区（community）的强限制性的技术意义上使用。

专业的大小取决于它的对象数量，并且被解释为表征专业在研究领域中的相对重要性。在因子分析结果中，专业的大小是通过在相应因素上具有的主要载荷的对象数量来衡量的，并且专业的清晰度或显著性由在相应因素上的最高载荷来表征。

对象组的命名基于对文档或组中作者作品的考察，目的是识别文档中的共同主题。换句话说，对每个因素或集群的核心文献的考察，其共同主题将被识别和解释为相应专业的研究重点。在因子分析的情况下，因子载荷可以帮助我们将考察的重点放在最能代表每个专业的对象上，即具有高因子载荷的对象上。但是对于包含少量对象的因子，所有这些对象对该因子的负载都很低，因此这种方法将产生非常小甚至为空的核心文档集。由于可用于检查的信息有限，这些因素常常难以可靠地解释，因此可被标记为未定义项。

人们可以手工或者自动（通过计算机程序）地完成对每组对象核心文档的考察，大多数情况下可以两者结合：开发计算机程序来提取每一组中对象的最相关信息，从而使人工检查（manual examination）更具有针对性并且省时省力。例如对于ACA的因子分析，计算机程序可以选择每个因子中因子载荷大于 x 的作者作为该专业最具代表性的作者，以及通过选择作者的成果中被引频次大于 y 的作者的最具代表性的论文。然后，人工考察可以集中在计算机筛选出来的文档上。当然，这种基本算法可以通过各种方式进行细化，x 和 y 的值应该由实际的数据来决定。例如，Zhao 和 Strotmann（2011b）在其研究中选取了各个因子中排名前10的作者，并在各个因子中依据共被引频次选取了排名前10的文档来进行分析。

最常见的情况是，一个因子（或者聚类）的共同主题来源于这些出版物本身。几乎所有的因子都可以很容易地从这些出版物标题中反复出现的短语中被标记出来，无论是从字面上以同源词还是密切相关的短语的形式（例如heart 心脏；cardiac 心脏；myocardial 心肌等），因为在一组高被引的论文中会有很高的比例显示这样一个同样的术语。人类的判断主要是在理解这些主题时参与到这个过程中，就像物理学家解释物理实验中的数据一样。有时，因子分析会产生两个或者更多在统计上密切相关的因子。在这些情况下，可以解释为由高度互联的子区域组成的超级区域，最初所有相互关联的因子的标签可能是相同的。只有随后仔细研究，才能确定其显著特征并最终确定其特征标签。

与文本中的“客观”标签相比，这种标签因子的“主观”方法似乎是相当有效的，因为它提供了同样有意义，但更合适的通用标签（Chen 等，2010）。

专业领域之间的关联

对对象群进行标记，从而将其解释为被研究领域的核心区域，这只是引文网络分析揭示的一个领域的知识结构鸟瞰图的一部分。这一观点的另一个重要方面来自各领域研究的相互关系，这些相互关系可以从对象组之间的关系中确定，包括该领域内的链接、中间或外围的位置关系。

因子分析中因子之间的相互关系由斜旋转引起的因子相关性表示，聚类分析中聚类之间的相互关系通过聚类合并的相似性度量来表示。引文网络可视化中对象之间的相互关系可以从这些对象彼此之间和在整个地图中的位置来标识。在学术地图上两个群体越接近，越被认为相关。位于中心位置的群体与研究领域内的多个专业有关，而外围的群体则仅仅与少数专业有关。位于其他两个群体之间的组，可能在这两个专业之间起到桥梁作用。

例如，如2.4.2小节所述，Zhao和Strotmann（2008a）通过斜交旋转的因子分析对结构矩阵进行可视化得到的布局中，因子在地图上的相对位置趋于稳定，因此可以作为领域内的专业或研究领域之间的相互关系的表达。两个因子节点接近则往往表明这两个对应的专业是密切相关的。类似地，由许多节点围绕的节点表示与许多其他领域存在连接，而边缘上的因子节点则表示相对独立于该领域的其他子领域。

对象在专业内的成员资格

通过聚类将对象划分在一个组中，或通过因子分析将一个或者多个因子解释为对应的专业或者领域的成员。

通过因子分析（factor analysis），对象的因子载荷表明了对象与专业领域的相关程度，载荷越大则关系越密切。对象所负载的因子数量表明了对象的学术贡献或研究影响的广度。负载仅在单个因子上，高度加载的对象被认为是焦点对象："他们的研究显然集中在一个单一的专业，甚至可以来清晰定义它。"加载了多个因子的对象被解释为连接对象，它们的研究桥接了若干专业。White和Griffith（1982）提供了一个完美的例子，即他们所说的"结晶"与"无处不在"的作者。Robert K. Merton是一位无处不在的作者，因为他在科学和技术研究的专业领域中负载了若干因子，而Karl Popper则是一位"结晶化"的或专注的作者，因为他只负载了"哲学"因子。

在Zhao和Strotmann的可视化图谱中（见后文图2.1），一条连接正方形对象节点和圆形对象节点的线表示相应的对象与相应的专业相关，其中深色和粗线表示紧密的联系，而黑色和粗线与之连接的圆形节点表示清晰和独特的专业。黄色对象节点表示焦点对象，其他颜色节点表示连接对象（绿色表示对象与两个专业相关，红色表示与三个、蓝色代表与四个、其他颜色表示与四个以上的专业相关）。由许多"绿色"对象节点连接的两个专业被解释为包括它们的较大研究领域的两个子领域，因为许多对象加载在这两个子区域上，而不是加载在其他子区域上。

对象在专业或领域内的中心或外围位置

对于某些类型的可视化，对象在组中以及整个图谱上的位置也可能是很有意义的。对象在可视化图谱的中心或外围位置，对应对象在专业或领域内的中心或外围位置。例如，ACA 的创造者就以这种方式使用了 MDS 地图（例如，White 和 Mc－Cain，1998）。这些作者被标度在二维或三维坐标上进行解释（或/和标记），这也是 MDS 的主要目标之一。

显然，解释信息的主要来源根植于每个专业中最为相关的文件。从这些文件及通过统计分析和可视化揭示的分组和关系中，可以了解研究领域的知识结构的一些重要方面。例如构成研究领域主要专业的性质和大小、这些专业之间的关系以及核心对象（例如，文献、作者和期刊）与专业之间的关系，以及核心对象的研究活动或影响的特征。可以对在不同时间段上的知识结构进行比较，来显示研究领域随着时间的推移和发展，以此得到领域的发展轨迹（McCain，1990b；White 和 McCain，1998；White，1990）。

如前所述，任何人原则上都可以从统计分析和可视化所揭示的领域核心对象的分组和关系中大致了解领域的知识结构及其演化趋势。然而，学科专家，即对所研究的领域或正在分析的知识领域具有专业知识的人，将能够更好地理解相关信息，并且能够得到非专业内专家可能忽视的关于该领域的重要信息。因此，重要的是，引文分析者要么自己具有专业领域的知识，要么可以接触到愿意接受访谈的学科专家。

学科专家也是验证引文分析结果的主要来源。有许多方法可以用来验证引文分析结果（Garfield，1979；McCain，1986；White，1990）。其基本思想是将引文分析的结果与通过访谈、调查、教材、综述以及历史文献等现有著作获取的学科专家的判断进行比较。

对于解释和验证，对象简介的构建是很有帮助的。此处对象简介是对象特征的简明描述。例如，在作者共被引分析的情况下，对象简介可以是对作者的研究兴趣和出版记录的描述，以及作者与正在研究的其他作者的社会或者其他关系的描述。

对象简介不仅可以为识别对象的聚类和因子的含义提供有价值的线索，而且还有助于与学科专家的访谈。学科专家可能不知道其领域的其他作者在做什么，可能需要查阅作者的出版物或其他信息以便对相互关系进行评估。对象简介以简洁的格式为学科专家提供了所需的信息。

这些简介可以由研究人员阅读出版物和作者的主页来制作，也可以由计算机从标题、摘要甚至通过全文本的词频分析或其他复杂的文本挖掘技术来实现。

2.7　案例：2006—2010 年信息科学图谱——作者的耦合分析

本示例改编自 Zhao 和 Strotmann（2014a）的论文，以演示如何按照本章介绍的步骤进行实际研究：

（1）研究领域的界定；

（2）代表该领域核心对象集的选择；

（3）核心对象之间连接的度量；

（4）多元统计分析；

（5）网络分析与可视化；

（6）结果的解释。

本研究的目的是确定 2006—2010 年信息科学研究的前沿（research front）结构，因此，选择了作者的文献耦合（BCF）来进行分析，因为它直接考察了该领域活跃的研究人员，而不像 ACA 那样关注当前的高被引作者。

2.7.1　信息科学研究领域的界定

本研究采用本章前面提到的基于期刊的领域界定方法，这在第三章中会进一步讨论。依据前人的研究（White 和 McCain，1998；Zhao 和 Strotmann，2008a，2008b），信息科学领域通过 11 个期刊 2006—2010 年检索自 ISI 的论文来进行界定（如表 2.4）。White 和 McCain（1998）解释了为什么这种划分方法是合理的。

表 2.4 被用来界定信息科学领域的期刊

Information science（信息科学）
• *Annual Review of Information Science and Technology*
• *Information Processing and Management*
• *Journal of the American Society for Information Science and Technology*
• *Journal of Documentation*
• *Journal of Information Science*
• *Library and Information Science Research*
• *Scientometrics*
Library automation（图书馆自动化）
• *Electronic Library*
• *Information Technology and Libraries*
• *Library Resources and Technical Services*
• *Program—Automated Library and Information Systems*
*摘自 White，H. D 和 McCain，K. W.（1998），学科可视化：信息科学的作者共被引分析．美国信息科学会刊，49，p 330. 做了两项更新：（a）移除了不再被 ISI 数据库收录的美国信息科学与技术学会会刊；（b）使用了期刊的最新名称。

我们选择“全记录 + 参考文献（Full Record + Cited Refs）”作为记录导出选项，并以 CSV 的格式保存文件。最后得到了 4 422 篇施引论文和包含 110 785个参考文献的数据集，每篇论文平均有 25 篇参考文献。这 4 422 篇信息科学论文被认为是 2006—2010 年信息科学研究领域的代表，这些论文作者的集体观点（在 110 785 篇参考文献中）被用来研究信息科学领域的知识结构。

2.7.2 选择核心作者来表征 2006—2010 年的研究前沿

本研究将作者的产出和连通性结合起来，作为选择核心作者的标准，如本章前面部分和之后第三章将讨论的。

具体而言，首先依据作者的论文产量进行排名，排名前 500 名的作者进一步按照其平均耦合频次进行再排名。在 500 名作者中，筛选了 300 名作者作为核心作者来表征信息科学领域的研究前沿。作者的产出通过作者在4 422 篇施引论文中的总数来表示。正如 Zhao 和 Strotmann（2008b）的论文所示，一篇论文被作者 A 作品中的 N 篇论文引用，被作者 B 作品中的 M 篇论文引用，则该论文对 A 和 B 的文献耦合频次贡献为 min（N，M）。其中，作者的作品是其作为第一作者的论文数（McCain，1990b），作者的平均耦合频次为作者与其他作者耦合频次的总和除以数据中的作者总数减 1。在本案例中，作者的平均文献耦合频次就是作者与其他 500 名作者的耦合频次除以 499。

2.7.3 核心作者之间关系的测度

第一作者的文献耦合频次被用来测度这 300 名核心作者之间的关联性。使用 2.3.3 中所描述的方法来计算文献耦合频次，为此，我们基于 Python 开发了相关程序来处理从 ISI 下载的数据，以确定作者的文献耦合频次，并将其矩阵化。需要说明的是，此矩阵的对角线为空。附录 2.7.3（http://tinyurl.com/Appendix2－7－3）是文献耦合频次矩阵的一部分。

然后，对矩阵进行人工检查，按照 strotmann 和 zhao（2012 年）的建议，从研究中删除了已知的每个可能代表多个作者的姓名，例如 Liu Y，Kim H，Kim S，Lee S，Liu X 和 Li X，得到了一个结果为 251×251 的文献耦合频次矩阵。

2.7.4 因子分析

该矩阵被读入 SPSS 21 中，并使用 SPSS 中的因子分析方法将该矩阵排名前 150 名的作者作为变量进行分析，以探究所选作者之间相互关系的基本结构。由于用来界定该领域的出版物数量增加，这里使用的作者人数（150 名）也超过了该领域以前研究中使用的作者数量（120 名），以便和以前一样能代表信息科学领域。此外，这里使用的样本与变量比率（2:1）也要比之前的研究更高（其中大多数使用对称矩阵）。

对角线值被视为缺失值（missing values），并在因子分析中被平均值所取代。通过主成分分析（Principal Component Analysis）提取因子，并在对碎石图（Scree plot）进行检验的基础上确定提取的因子数量；解释总体差异；社区，即因子模型解释变量（在这种情况下，作者的全部作品）的表现如何；相关残差，即观察到的相关性和因子模型所隐含的相关性之间的差异（Hair 等，1998）。通过这样的方式，得到了一个包含 16 个因子的模型，结果显示模型是很合适的。它解释了 83% 的总方差，约 98.7% 的社区超过了 0.6，观察到的相关性和隐含的相关性之间的差异在多数情况下是小于 0.05 的（接近了 100%）。

将斜交旋转（SPSS Direct OBLIMIN）应用于该因子模型，并作为输出的一部分生成了一个模式矩阵和一个结构矩阵。对两个矩阵进行汇总，只有载荷在 0.3 以上才被认为是具有实质性意义的，因此予以保留。附录 2.7.4 显示了以 White 和 McCain（1998）为例的模式矩阵。

在低载荷（例如，载荷小于 0.3）被移除后，模式矩阵往往会非常稀疏，因为此处的载荷代表了作者对专业领域的独特贡献，并且作者倾向于专注于他们的研究。另一方面，结构矩阵通常是相当稠密的，因为在这个矩阵中作者具有重点或者高的载荷，这里的载荷代表了专业和作者独特贡献之间的相关性组合，并且研究领域内的专业基本上是相互关联的。例如，在本研究中，Cronin B 在结构矩阵的 7 个因素中的载荷都大于 0.3，但是在模式矩阵中没有一个因素载荷大于 0.3。它广泛地引用领域文献，以至于它在 IS 领域的任何一个专业中都没有强有力的地位。但它引用了足够多的论文，一些人还引用了 7 个专业中的论文，强调了这些专业之间的相关性。

模式（pattern）和结构矩阵（structure matrices）都提供了有关专业领域的重要信息：模式矩阵显示了专业内作者的成员关系，结构矩阵则反映了不同专业之间的关系。

2.7.5　因子结构的可视化

按照第 5 章 5.4.6 节详细介绍的步骤，在一个二维空间上对模式矩阵和结构矩阵进行了可视化，正如 White 和 McCain（1989）以及 Zhao 和 Strotmann（2008a）已经发表的论文那样。这种可视化以更精致的视觉形式显示了因子结构，并保留了大型表格中的相关信息。得到的可视化图谱结合了模式和结构矩阵以及其他重要信息（引文次数）的信息特征，并且改进了在 Zhao 和 Strotmann（2008a）中引入的可视化技术。正如前面提到的，这种技术的中心思想是根据作者对因素的载荷，将因子分析的结果直接可视化为作者和专业的二分网络。

对于结构组合的可视化表示，密集连接的结构矩阵用于定位因子和作者节点之间的关系，并获得稳定的布局（因此可能有潜在意义）。稀疏矩阵用来绘制连接作者和因子节点的连线，以清楚地显示作者在专业中的成员身份。

连接作者与因子的线的宽度与该作者在模式矩阵中的因子载荷成比例，其灰度值也是如此，更宽和更暗的线表示更高的负载（因此具有更强的成员资格）。它被认为保留结构矩阵链接作为主要可视化的背景是有用的，特别是在模式矩阵网络被分解为几个断开成分的情况下。

在这些图谱中，作者用正方形节点表示，因子用圆形节点表示。作者节点的颜色表示作者所属的专业数量（即作者在模式矩阵中加载的因素有多少），黄色、绿色、红色和蓝色分别表示作者与一个、两个、三个和四个专业相关。为了表征知识结构的特征，因子节点的颜色在这里没有特指的意义。

作者节点的大小与作者引文总数（而不是作者的载荷）相对应，因子节点的大小由所有作者的引文次数之和决定，使得这些作者在其因子上充分加载（即，在这种情况下，模式矩阵中的值为 0.3 或更高），并由其载荷加权。例如，一个作者的引文量为 100，并在某个因子上的载荷为 0.8，那么该作者将为对应的因子贡献 $100\times0.8=80$ 的引文量。权重是出于作者可能会对几个专业有所贡献的考虑，但是只有作者的作品与相应的专业对应的部分才被计算在内。因此，节点大小显示了作者与专业的相对显著性，这是一个研究领域知识结构的明显特征。

将模式和结构矩阵的信息特征以及引文影响结合到一个图谱上，生成一个具有稳定布局的清晰图谱。该图谱更清楚地显示了每个作者（作者节点大小）的影响程度、每个专业的突出程度（因子节点大小）、专业与作者之间的相互关系（图谱布局和节点位置），以及作者在专业（连接线）中的成员资格。

遗憾的是，这些图形的节点颜色可能在打印中不可用，并且在拥挤的区域中可能难以看清作者的姓名。对于可视化图谱的详细查看，读者可以参考这本书的在线副本，其中包含了所有图片的高分辨率全彩版本。

2.7.6 结果的解释

下面根据本章前面所讨论的准则对结果进行解释。

图 2.1 是从作者耦合频次（BCF）矩阵中提取的 16 个因子的可视化（在

斜旋转之后），显示了2006—2010年信息科学研究的前沿结构。表2.5中提供了这些因素的标签、大小以及显著性（即最高载荷）。如果此因子中的所有载荷小于0.7，或者主要加载量少于3个，则该因子被标记为未定义（UD），但是我们仍然可以尝试对其进行解释。

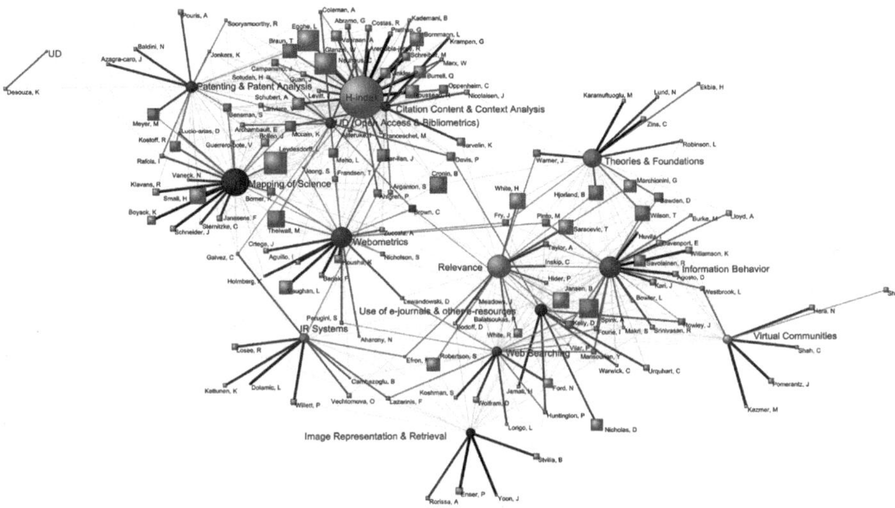

图2.1　2006—2010年信息科学研究的前沿结构（Zhao和Strotmann，2014a）

在表2.5中，因子的大小即在模式矩阵中加载该因子的主要作者的数目，并且用该数目除以所分析的作者总数来估计因子的相对规模（%规模）。图2.1中的因子的节点（圆形）的大小是此因子中所有作者的引文次数的加权和。两种规模参数都表示了专业的相对显著性，一个是专业作者的数量，另一个是这些作者的集体引文影响。

图2.1显示，在信息科学领域2006—2010年的研究前沿结构图中，仍然可以清楚地看到在先前几项研究中观察到的信息科学双阵营结构，每个阵营内的连接强而密集，但阵营之间的连接较弱且稀疏。知识域的分析（Knowledge domain analysis）在结构图的左上角，关注的是科学技术的定量分析研究，而信息检索阵营在右下角，侧重于信息表示、检索、用户和使用。

表2.5 2006—2010年信息科学领域的16个因子（Zhao和Strotmann，2014a）

标签	规模	%规模	最高载荷
H-index (Bibliometric Distr.; Research Evaluation)	25	16.7	1.024
Information Behavior	16	10.7	0.914
Mapping of Science	15	10.0	0.886
Webometrics	14	9.3	0.897
Relevance	11	7.3	0.736
IR systems	9	6.0	0.914
IS Theories and Foundations	9	6.0	0.869
UD (Open Access and Bibliometrics)	8	5.3	0.600
Journal Editors	8	5.3	0.963
Virtual Communities	6	4.0	0.877
Citation Content and Context Analysis	6	4.0	0.837
Web Searching	6	4.0	0.778
Use of e-journals and other e-resources	6	4.0	0.777
Patenting and Patent Analysis	6	4.0	0.744
Image Representation and Retrieval	4	2.6	0.894
UD	1	0.7	0.511

知识域分析阵营的研究以h指数的研究为主（在文献计量分布和研究评估的背景下），其次是科学知识图谱（Mapping of science）与网络计量（Webometrics）的研究，并包含了专利和专利分析（Patenting and patent analysis），引文内容和上下文分析，以及无法定义的领域。后两个小的领域与h指数的研究联系密切，如图2.1所示。未界定的领域似乎与开放获取和文献计量相关，如开放获取数据源的影响和使用开放获取数据进行的文献计量研究（如arxiv.org）。

h指数的研究是2006—2010年整个信息科学最为突出的研究领域。这是由J.E.Hirsch在2005年提出（Hirsch，2005）的一种测度科学家一生成就的“聪明发现”（Rousseau等，2013，p.294）。它迅速吸引了信息科学领域的大量关注，包含了一批在研究评估和文献计量分布研究中的高影响作者（图2.1中大的方形节点，例如，Egghe L，Glanzel W）。这些研究试图评价其作为研究评价指标的有效性，提出 g 指数、r 指数等各种替代方法来改进其有效性，并将使用范围从仅仅衡量个人扩大到衡量其他对象，例如期刊和机构。

在 IR 阵营中，对信息行为的研究，特别是对各种语境中的信息搜索和日常信息搜索的研究，吸引了大量的研究人员。然而，这一领域的引文影响要低于（如图 2.1 中小的节点）那些研究人员少 50% 的相关领域。换句话说，如图 2.1 中清楚显示的，在 2006—2010 年间，具有较高引文影响的信息科学研究人员（图 2.1 中阵营大的正方形节点），起初主要不研究信息行为，而是研究相关性和理论基础。有趣的是，这里面的唯一例外是 Spink，他的引文影响是信息检索（IR）领域最高的。类似地，有大量的研究人员（9）在 IR 领域工作，但是他们在信息科学（IS）中似乎都具有较低的引文影响。因此，如图 2.1 中所示，该专业比具有相同数量研究人员的 IS 理论和基础专业要显得小得多。

信息检索阵营的子研究领域包括虚拟社区（virtual communities）、网络搜索（web searching）、电子期刊和其他电子资源的使用以及图像的表示和检索。从图 2.1 的链接来看，对虚拟社区的研究似乎只涉及信息查询、搜索和使用（即“软信息检索”），而对图像表示和检索的研究却与“硬信息检索”和“软信息检索”都有关系（即“信息检索系统”）。

有趣的是，信息检索系统领域已经开始远离信息检索阵营，并向知识领域分析阵营转移，实际上是连接了这两个阵营。另一方面，对信息科学理论和基础的研究似乎主要位于信息检索阵营中，尽管预期其将分布在整个信息科学领域。

如图 2.1 所示，本文研究的所有 150 名核心作者都仅在一个或两个研究领域（分别对应于图 2.1 中的黄色和绿色正方形节点）中具有强成员资格（即，负载大于 0.3），除了 Brown C（红色正方形）属于三个领域和 Cronin B（蓝绿色正方形）没有对任何一个研究区域表现出明显的专注。

在拥有多个成员资格的作者中，几乎所有成员都只属于两个阵营中的一个，只有 9 位作者例外：分别为 Ahlgren P，Oppenheim C，Pinto M，Galvez C，Lewandowski D，Perugini S，Fry J，Davis P 以及 Brown C。这 9 个作者中的大多数将知识领域分析阵营中的“网络计量学”与“开放获取（Open Acces）”

和“文献计量学（Bibliometrics)”与“信息检索系统”以及信息检索阵营中的电子期刊和其他电子资源专业的使用联系起来。因此，看来这两个阵营在很大程度上是通过与网络有关的主题联系起来的。

有趣的是，作为一名活跃的研究人员，Howard White 在 2006—2010 年的研究被列在相关性专业中。尽管由于他在 ACA 的开创性和持续性的研究，他一直被认为是科学图谱领域的领军人物。考虑到他在这段时间内实际发表的论文，这种放置实际上是有意义的，其中大多数研究将关联理论作为统一文献计量学和 IR 的核心概念。

似乎 ABCA（作者耦合分析）在 2006—2010 的信息科学领域中很好地捕捉和展示了作者的研究贡献和研究前沿的特征，并且比 ACA 更好地承认了作者在不同时期不同领域的贡献。

3

引文分析的领域界定和数据源

正如第 2 章所述，引文网络分析通常研究特定学术共同体或研究领域在特定时间段内的结构和特征。因此，引文网络分析的第一步是收集一组施引文献（citing papers）（及其参考文献列表），这些文献能够代表特定时间段内（即引用窗口（citation window））的学术共同体（scholarly community）或研究领域。后续分析就是基于这些施引文献的作者对学术共同体或研究领域智力关系的集体观点，这些都记录在出版物的参考文献列表中。

最理想的情况当然是能够收集该学术共同体在引用窗口内发表的所有出版物，然而，现实情况只能抽取所有出版物中的一部分来代表这个学术共同体。如何确保抽取样本能够很好地代表所研究的领域，或至少能够解决所研究的问题，本身就是引文分析中一个尚未解决的问题——领域界定（field delineation）。

领域界定一直是文献计量学研究不可分割的一部分，而且被认为是文献计量学中一个未解决的基本性问题（van Raan，1996；Zitt，2006）。传统的领域界定方法在分析如纳米技术（Bassecoulard 等，2007）或干细胞研究（Zhao 和 Strotmann，2011a；2011b）等高度跨学科的领域时，似乎已经达到了极限，而这些领域都是科技政策研究的焦点，因此领域界定本身也成为一个研究主题。

本章将首先讨论常用的领域界定方法，并研究在分析领域知识结构（intellectual structures）时，不同领域界定方法间产生的差异。然后讨论常用的引文数据库（citation databases，如 ISI 和 Scopus）在领域界定中的利弊，以及如何将主题数据库（subject databases）与引文数据库结合起来改进领域界定。

3.1 领域界定的常用方法

如上所述，引文分析中领域界定的目的是收集一组干净和完整的施引文献（连同参考文献），以代表特定时间段内的研究领域，这组文献包含了某个领域内所有的文章，同时排除该领域以外的其他主题文章。

领域界定可以通过在引文数据库中检索主题词（关键字）、期刊、作者或机构进行描述。为了克服引文数据库在索引和检索设置中的局限性，也可以在主题书目数据库（subject bibliographic databases，如 PubMed）中进行相关检索，但检索结果必须链接回引文数据库，以便获得相应的参考文献和引用链接信息。

在检索中经常需要设定一个时间段或引用窗口（如 2006—2010 年），其长度可以根据引文分析研究的目的和正在研究的领域而有所不同。如研究某一领域随时间推移的演化过程时，对于信息科学这种相对较小的领域进行近期或早期研究，适宜采用 5 年或 8 年的引用窗口，而对于干细胞这种比较大的、快速发展的研究领域则适宜设定 2 年的引用窗口（White 和 McCain，1998；Strotmann 等，2013；Zhao 和 Strotmann，2008，2014a）。

此外，通常需要将这些检索限制在某些类型的文档中，例如研究型文章（research articles）或综述（reviews）。虽然这两种类型的文献经常被列入引文分析中，但它们在性质、范围和引用行为上有很大的不同。本书建议仅使用研究型文章（research articles）来界定引文分析的研究领域。

对于单个领域或几个领域的研究，可以使用引文数据库的万维网（Web）接口进行检索。如果针对整个机构或大学科进行引文分析，则需要大量的数据集，数据库网站通常会禁止自动下载检索结果，手动下载大型数据集又非常困难和耗时（如本章后面详细讨论的那样），此时需要向引文数据库服务商购买数据集。

当所研究领域的出版物集中在少数几份期刊时，可以使用一组核心期刊来定义这一领域，数据集就是这些核心期刊的文章。核心期刊的领域界定法适用于传统的有明确定义的研究领域（如数学和心理学）。在 ISI 数据库中被分组到学科领域的期刊通常被当作相应研究领域的核心期刊。例如，有研究使用 ISI 数据库“信息科学和图书馆学（Information Science and Library Science）”学科的所有期刊来定义图书馆和信息科学领域（Ardanuy，2012；Larivière 等，2012；Levitt 和 Thelwall，2009a，2009b；Levitt，2011；Tseng 和 Tsay，2013），或者从这些期刊中挑选出 12 份期刊来界定信息科学领域（White 和 McCain，1998；Zhao 和 Strotmann，2008a，2008b，2014a）。

相反，当所研究领域的出版物分布在大量期刊或跨越几个没有明确核心的学科时，主题检索就变得非常必要。基于主题检索的领域界定主要适用于与多个研究（子）领域相关的领域，或者适用于尚未拥有自己期刊的新兴研究领域。例如知识管理（knowledge management）或信息检索（information retrieval），覆盖了商业（例如组织政策、管理信息系统）、计算机科学、图书馆和信息科学等多个领域；干细胞（stem cells）研究几乎与所有生物医学领域以及一些社会科学（例如伦理学）领域都有关；纳米科学与技术（nanoscience and nanotechnology）研究被嵌入许多科学领域中（包括物理学、化学和工程学），以及从工业和政府角度的研究（Zitt 和 Bassecoulard，2006）。这些研究领域是通过主题检索进行领域界定的典型案例（Ding，1998；Gu，2004；Ponzi，2002；Zhao 和 Strotmann，2011a，2011b；Zitt 和 Bassecoulard，2006）。

对于按部门、机构、国家、作者或隶属关系进行的作者群研究，可以使用检索相应名称来收集数据。例如比较两个部门、两个大学或两个国家时，它们的名称可以在作者隶属机构的索引字段中查找，然后将检索到的记录合并为一个数据集；为了比较两个机构（例如两所不同大学的社会学系），也可以通过编辑与所研究部门相关的作者群的完整列表来收集数据集。当然，这些作者更完整的出版物列表可以通过其他方式获得（例如简历或机构记录），但是这些出版物必须能够链接回引文数据库中（ISI 数据库），以便获取参考文献和引文链接信息。

总之，将一组书目记录（bibliographic records）链接回引文数据库寻找引文链接的方法，可以用于引文分析的领域界定，它克服了引文数据库的检索和下载设置的局限。主题书目数据库（如 MEDLINE）拥有更好的索引和检索工具，因此使用这些数据库的领域界定会更清晰和完整。例如，MEDLINE 支持医学主题词（Medical Subject Headings，MeSH）和其他类型的检索，这些检索在生物医学研究领域是特定的和有效的。引文数据库虽然涵盖所有研究领域，但并不支持这些专业检索，只提供适用于大多数领域的检索工具。因此，尽管 Scopus 数据库包含了整个 MEDLINE 数据库，但它并不支持医学主题词检索。将主题数据库与引文数据库相结合进行领域界定还有其他益处，我们将在 3.6 节详细讨论。

3.2 领域界定对引文网络分析的影响

上述讨论的领域界定常用方法对许多领域的引文分析都很适用，但对于某些研究领域（如大型研究领域）可能效果不佳，因为数据库会限制可供下载的记录上限（如 Scopus），这一问题难以克服；再者新兴跨学科或多学科研究领域的研究文章发表范围很广，并且主题词（或广泛接受的关键词）尚未被添加到索引中，因此无法检索到相关文章。

因此一些研究人员开发了复杂的算法程序来克服这些困难。例如将引文分析、关键词检索和文档聚类技术结合起来，界定纳米科学领域的文献（Zitt 和 Bassecoulard，2006）。

对所有文献计量学研究来说，能够进行良好的领域界定都是非常重要的，对于某些类型的研究（例如政策问题研究）甚至是必不可少的。但问题是，完整和清晰的数据集对于典型评估（typical evaluative）和关系型文献计量学研究（例如作者排名或共被引绘图，co－citation mapping）的影响究竟有多大仍未可知，以及是否值得花费大量额外成本来实现完整和清晰的数据集，仍是值得深入分析的问题。

本书将针对这些问题进一步探讨，首先来了解一些先前研究的成果，这些研究探讨了改进的复杂引用指标相对于简单的被引频次指标在影响力评估方面的优势，以及比较了不同引文数据库进行作者排名的结果（Cronin 和 Meho，2006；Fiorenzo 等，2013；Henzinger 等，2010；Meho 和 Spurgin，2005；Meho 和 Yang，2007）。研究发现，简单的被引频次很好用，并且根据不同引用指标或使用不同数据库进行的作者排名结果相关度也很高，尽管某些个体作者的排名可能会出现较大的差异。

Zhao（2009）通过对 LIS（Library and Information Science）领域的案例研究，对两篇通过作者共被引分析（ACA）研究知识结构的文章进行了比较，两篇文章的核心 LIS 领域期刊不同但有部分重叠。这两套核心期刊集分别由 18 份期刊组成，分别对应 LIS 教师价值和从业者价值的出版领域，两套期刊集的 2/3 是重叠的。

该案例研究发现，ACA 基于这两套期刊集确定的主要专业是一致的，主流 LIS 专业之间的相互关系也是一致的。然而，许多专业的规模以及主流 LIS 和其拓展专业之间的联系存在着实质性差异。例如，儿童信息行为是 LIS 教师数据集（faculty dataset）中的一个独特专业，但并不是 LIS 从业者数据集（practitioners dataset）中的独立专业。此外，在 LIS 从业者数据集中，信息行为（Information behavior）专业要大得多，而科学计量学和（信息检索）系统专业要比其他数据集小得多。

该案例研究得出的结论是，当研究的重点是某一领域主流的粗略总体框架时，领域界定对 ACA 研究并不重要；而对于试图深入细致地进行研究或揭示微妙的政策研究问题时，则需要斟酌领域界定的方法。

尽管在该研究及其他相关研究中没有明确提及，但我们可以合理地假设：领域界定对书目耦合分析（bibliographic coupling analysis）的影响甚至比对共被引分析的影响更甚。共被引分析主要是考察研究领域中的一组高被引对象，并揭示该领域知识的基础结构。而书目耦合分析则直接考察该领域的热点研究和研究人员，从而提供该领域研究前沿的结构（Cornelius 等，2006；Persson，1994；Zhao 和 Strotmann，2014a）。两者之间知识结构的本质不同在于，知识基础往往具有相对稳定的核心，而研究前沿可以是多样的和相对动态的。因此，一个明确的领域界定对书目耦合分析研究更为重要。

3.3 引文分析数据来源的要求

显然，领域界定会影响引文网络分析的结果，并且在设计引文分析研究时需要仔细考虑。

如前所述，领域界定的目标是收集干净和完整的施引文献（连同参考文献列表），在特定时间段内代表研究领域，解决所研究的问题。实际中使用国际或国家范围的引文数据库中的检索结果（如 ISI、Scopus、中国科学引文数据库（CSCD）），因为这些数据库记录了引文分析所需要的任何类型的引用链接。

ISI 一直是占据优势的引文数据库，因为迄今为止大多数引文分析都依靠这个数据库来收集引文数据。这些研究包括大规模的国际或国家级研究评估工作，如大学排名（包括泰晤士高等教育世界大学排名 THE、莱顿排名（Leiden Rankings））、国家出版物发展趋势以及研究领域的国际合作（泰晤士排名方法论，2013；数据收集，2013；Moed，2010）等。Scopus 在许多方面与 ISI 非常相似，并且在某些领域更具优势（详见 3.5 节）。

然而，本章后面将讨论 ISI 和 Scopus 数据库的一些问题，这些问题导致研究人员需要寻找引文分析的替代数据源。先前的研究人员为小型领域的研究构建了自己的引文数据库（Chen 和 Carr，1999；Eom 和 Farris，1996）。Web 上的引文数据（如 CiteSeer，Google Scholar）也会被用作引文分析的数据源（Leydesdorff 和 Vaughan，2006；Meho 和 Yang，2007；Zhao，2005a，2006a）。近年来，有研究将引文数据库与主题书目数据库结合起来，利用各自的特点，改进大量多学科和高度合作研究领域的引文分析所需的数据集（Strotmann 等，2010；Zhao 和 Strotmann，2011a，2011b）。还有人建议使用全文出版物来界定一些未被引文数据库覆盖的研究领域以及用于实际评估和关系分析的文内引文数据（Zhao 和 Strotmann，2014b）。另一个可行方法是使用其他出版物补充引文数据库检索结果（然后由研究人员按相关格式进行索引），以便实现期望的研究完整性。

所有这些不同类型的引文分析数据源，尤其是两个主要的引文数据库，将在后面的章节中进行探讨，重点考察引文分析的三个方面：覆盖范围，索引和检索，提供给用户的数据下载选项。

覆盖范围

引文数据库的覆盖范围（coverage）是确定其是否适合作为引文分析数据来源的关键因素。正如前一节所讨论的，领域界定依赖于引文数据库并影响引文分析的结果。对所研究领域有更好的数据覆盖可以提高引文分析的置信度（confidence）。

最常用的引文数据库（ISI 和 Scopus）没有充分涵盖社会科学和人文科学的一些研究领域，因此不能作为这些研究的良好数据源（Moed，2010）；另一方面，网络引文数据库涵盖了所有的研究领域，但缺少系统性，因此也不能单独用于引文分析。

对于纵向研究（特别是关注增长的研究），稳定的覆盖率也很重要，因此不同时间段的引文分析结果的差异反映了该研究领域随时间的演化，而不是数据库覆盖范围的变化。据此，尽管 Scopus 在许多研究领域比 ISI 有更好的覆盖范围，并且提供了更多的参考文献信息，但没有像 ISI 一样被更多地用于引文分析。

索引和检索工具

引文数据库只能通过检索工具（search facilities）来证明其对某一研究领域的覆盖，检索工具可以最大限度地从引文数据库中检索出与当前引文分析相关的文献数量，并最大限度地减少不相关文献的数量（即噪音 noise）。这实质上是信息检索（IR）的基本问题，即如何检索所需的和仅需的信息（Saracevic，1975）。

正因如此，好的检索设施需要高质量的索引支持。索引的质量是由以下几方面决定的：是否所有对引文分析重要的信息被编入索引并且可以检索；是否使用一致的索引术语；是否使用公认的受控词表（例如 MeSH）以及它们的使用情况如何。

正确使用受控词表可能会提高检索的召回率（recall）和准确率（Gross 和 Taylor，2005；Rowley，1994）。为了保持一致性，应在名称索引（例如期刊、作者、机构、部门、国家）和参考文献中进行规范化和消歧（disambiguation），以便无论使用何种形式的作者姓名或参考文献格式检索，都可以检索到与作者（或期刊等）相关的文献或参考文献。对引文分析重要的信息包括：作者的隶属关系和完整的参考文献信息。作者的隶属关系应以部门、机构和国家的分离字段形式进行索引，以便机构和国家可以在引文分析中进行研究。参考文献的标题、完整期刊名称以及所有作者（不仅仅是第一作者）应该编入索引，以便可以通过这些字段检索参考文献。合著者（co - authors）的贡献可以计入引文分析中，可以直接基于参考文献信息（而不必链接回相应的源文章）解释分析结果。

ISI 和 Scopus 对生物医学研究领域都有极好的覆盖范围，但不支持 MeSH 检索。相反，对术语的检索总是检索出与该术语相同的关键词、MeSH 术语及其他描述词的所有出版物，这导致术语（如“干细胞”）的检索噪音率很高。参考文献在 ISI 中被索引为简短的字符串，包含第一作者、期刊名称缩写、出版年和页码，从而由于无法获取参考文献的标题，ISI 很难检索参考文献，或者进行基于全作者（all - author - based）的引文分析以及解释引文网络分析的结果。

下载选项

为了进行领域界定，好的引文分析数据源应该支持以标准格式系统地下载所有的检索结果，这种格式方便计算机程序作后续处理。实现引文数据库分析结果的下载，可以简化某些评估性引文分析（evaluative citation analyses）。

对于 ISI，无论检索到的数据集有多大，都可以下载所有检索结果，但是一次最多只能添加 5 000 条记录到标记列表中，并且一次最多标记 500 条记录。对于 Scopus，只能下载检索到的数据集的前 2 000 条记录，因此当引文分析研究所需的数据集较大时，需要一些解决方法。在 ISI 和 Scopus 中，一篇文献的所有参考文献均被编入单独的一个字段内。因此，需要将这个长字段解析为一篇篇参考文献，然后将每个参考文献化解为单独的字段，例如作者、标题、期刊和年份，这一过程非常容易出错。

好的数据输出格式是带有参考文献信息的单独 XML 文档，各字段被清晰地标记。更进一步的做法是将参考文献与相应的施引文献（如果在同一引文数据库中）关联，当参考文献被下载时自动下载这些施引文献，因为施引文献在数据库中的呈现更完整，可提供更全面的信息（如关键字、作者单位）和单独的字段标记。对 XML 格式不熟悉的读者可以尝试在 PubMed 中进行检索，以 XML 格式下载检索到的数据，并查看信息的表示方式，从而了解 XML 引文分析中数据处理的理想格式。附录 3.3 提供了一种 PubMed 数据库 XML 数据格式的范例。

3.4 ISI 数据库

迄今为止，大多数引文分析研究都使用 ISI 作为数据来源。ISI 对引文分析理论和方法论的发展做出了重大贡献，但也引发了相当多的批评，并限制了引文分析理论和方法的进一步发展（Borgman，1990；Edge，1979；Egghe 和 Rousseau，1990；Garfield，1979；Lindsey，1980；Long 等，1980；MacRoberts 和 Mac Roberts，1989；McCain，1988；Osareh，1996；Smith，1981；Stokes 和 Hartley，1989；White，1990）。

在本节中，将讨论基于 ISI 数据库进行引文分析的优缺点，然后简要描述如何使用 Web of Science 中的这些数据进行领域界定。Moed（2010）曾对 ISI 数据库的基本原则、覆盖范围以及在研究评估中使用这些数据源进行引文分析的含义，进行了详细的分析。

3.4.1 使用 ISI 数据库进行引文分析的优点

ISI 引文索引由三部分组成：科学引文索引（SCI）、社会科学引文索引（SSCI）和艺术与人文科学引文索引（A&HCI）。如前所述，自 20 世纪 60 年代创建 SCI 以来，这些数据库一直是引文分析研究的主要数据来源，即使面对 Scopus 的强大竞争，ISI 依然保持其自身优势。

长期保持稳定的多学科覆盖面

首先 ISI 数据库长期涵盖所有学科，允许对整个学术型机构进行长期研究以及对不同部分间进行比较（国家间或学科间）。科学引文索引（SCI）涵盖的期刊可回溯到 1900 年。引文可以回溯到所有学科的早期，甚至是某些研究领域的创始期。相比之下，Scopus 仅从 1996 年开始涵盖大部分学科，从 2002 年起涵盖艺术和人文科学。但是 Scopus 的优势是它包含了创建于 20 世纪 60 年代的 Medline 数据库，该数据库涵盖生物医学和生命科学领域的期刊文章（journal articles），回溯到 1946 年。

充分理解和广泛接受

由于使用时间长，在引文分析中处于主导地位，ISI 数据库的优缺点被广泛理解。各种解决方法和补救措施也被不断探索和提出。因此，基于该数据库的分析结果能够在充分理解其缺点的前提下被广泛接受。

高度选择性覆盖

ISI 数据库按照加菲尔德提出的定律原则运作，即一门学科文献分布的尾部（tail）在很大程度上构成了其他学科文献的核心部分（cores）。实际上，所有科学学科（scientific disciplines）的核心文献都介于500种期刊和1 000种期刊之间（Garfield，1979，p23）。汤森路透声称，ISI数据库的涵盖内容是由编辑们选择出的“最好”和最重要的部分，这些编辑的教育背景与其职责范围相关，同时也是某些领域的文献专家（Testa，2012；MacRoberts和MacRoberts，1989）。这种高度选择性的文献覆盖特征被认为是引文分析的一个理想特征，尤其对于评价性引文分析研究。被ISI数据库收录，本身已成为威望和质量的标志，更不用说被ISI收录的文章所引用。

一致的索引策略

ISI数据库多年来对引文分析重要的索引信息保持稳定，因此方便维护用于处理和分析这些索引数据的计算机程序。多年来ISI对数据格式所做的改变大多是可兼容的，因此如果编写的分析软件很好，仍然可以读取新的数据。

支持下载大型数据集

如上所述，ISI数据库支持系统性下载大量检索结果，一次最多500条记录；而Scopus数据库只能下载检索结果的前2 000条记录。

参考文献检索

除了按学科、作者等常规检索原始文献外，还可以直接按照作者、期刊缩写检索参考文献。虽然存在很多问题，但参考文献检索可以直接从数据库中收集作者和期刊的共被引（co - citation）信息，并且可以进行共被引分析研究而无须复杂的计算机编程技巧（White和McCain，1998；Zhao和Strotmann，2008b）。该选项还可以借助“滚雪球”（snowball）手段进行领域界定，即从一小部分已知高被引文献或作者开始，检索引用这些文献的所有文献，不断重复直到达到所需的数据集规模。

期刊引证报告（JCR）

JCR通过各种指标，包括极具影响力的期刊影响因子（JIF），对ISI数据库中涵盖的期刊进行年度分析，它衡量给定时间内期刊“平均水平文章”（average article）对引用的影响。在第N年期刊的JIF被定义为B/A，其中A

代表 N-1 和 N-2 年在该期刊发表的可被引文章的总数，B 代表这些文章在 ISI 数据库中被第 N 年出版的所有期刊文章引用的总频次。尽管受到各类批评，JIF 仍被广泛用于研究或评估中，作为研究出版物质量的指标，特别是当这些出版物的引用次数不可计算时。例如，借助期刊最新的 JIF 对新近发表的文章进行评估，这种方法在大学教授的年度绩效考核中经常被使用。JCR 也被直接用作期刊引文分析的数据源（Leydes-dorff，2006；Zhang 等，2011）。

3.4.2 问题

有限的和有偏颇的覆盖面

对 ISI 数据库的主要批评之一是其有限（limited）的且有偏颇的（biased）覆盖面。如前所述，ISI 数据库在来源覆盖方面具有高度的选择性，这意味着数据库中的内容不是随机产生的样本，而是人为选定的。这可能会导致引文分析中的有效性问题，因为引文分析基本上建立在可能需要随机样本的统计技术上（MacRoberts 和 MacRoberts，1989）。更重要的是，ISI 数据库对某些研究领域，特别是社会科学和人文科学领域的出版物的覆盖面太低，对这些领域的引文分析来说，ISI 并不是充分的数据来源。Moed（2010）曾详细分析了哪些领域得到了 ISI 数据库很好的覆盖，哪些领域则覆盖不足。

此外，ISI 数据库仅涵盖期刊文章（ISI 声称这是文献中最重要的类型），因为期刊历来是主要的学术交流渠道。然而，在人文学科（甚至是自然科学和社会科学的某些领域）可能并非如此。在这些领域，期刊以外的文献被认为更重要。例如，计算机科学领域的会议论文（conference papers）、人文科学和一些社会科学领域的书籍比期刊更重要。为了解决这个“仅限期刊”（journal only）的覆盖问题，汤森路透最近在会议论文集以及书籍和章节（chapters）等方面增加了引用信息的索引。然而，需要进行相关研究来评估该类型索引对各个研究领域的覆盖情况。

ISI 数据库偏重对英语国家出版物的覆盖（Moed，2010；van Leeuwen 等，2001），这使得使用该数据库进行国家间的引文分析变得比较困难和不公平。这种偏倚一直是泰晤士世界大学排名（THE）被批评的主要根源，该排名使用 ISI 数据库作为计算被引指标的数据来源，并且在前 100 所大学名单中，英语国家（English - speaking countries）的大学占据主导（Liu 和 Cheng，2005；Rauhvargers，2011）。

参考文献索引不足

ISI 数据库对每个参考文献提供了非常有限的信息，如表 3.1 所示，其中显示了从数据库下载的源文章（source article）的前几个参考文献以及参考文献列表中的相应完整条目。基本上，只有第一作者的姓和名首字母、发表年、ISI 期刊名称缩写（或著作的标题缩写）、卷号和起始页。如参考文献也被 ISI 数据库索引过，则提供其文献标识号（identification number），但这种索引不是一以贯之的，如表 3.1 中的参考文献 7 和 8，它们都被作为源文章编入索引信息，但仅提供了 DOI。

表 3.1　ISI 参考文献的索引信息及其对应的在文章中的完整信息

1. BATES MJ，1989，ONLINE REV，V13，P407，DOI 10.1108/eb024320
2. BELKIN NJ，1982，J DOC，V38，P61，DOI 10.1108/eb026722
3. BLAIR DC，1990，LANGUAGE REPRESENTAE
4. BONZI S，1991，SCIENTOMETRICS，V21，P245，DOI 10.1007/BF02017571
5. Borgman C. L.，1990，SCHOLARLY COMMUNICAT，P10
6. BOYCE B，1982，INFORM PROCESS MANAG，V18，P105，DOI10.1016/0306 - 4573（82）90033 - 4
7. BROOKS TA，1986，J AM SOC INFORM SCI，V37，P34
8. COOPER WS，1973，J AM SOC INFORM SCI，V24，P87，DOI 10.1002/asi.4630240204

在源文章中对应的参考文献完整信息：

1. Bates，M. J.（1989）. The design of browsing and berry - picking techniques for the online searchinterface. Online Review，13，407 - 424.
2. Belkin，N. J.，Oddy，R. N.，and Brooks，H. M.（1982）. ASK for Information Retrieval：PartI. Background and Theory. Part II. Results of a Design Study. *Journal of Documentation*，38，61 - 71，145 - 164.
3. Blair，D. C.（1990）. Language and representation in information retrieval Amsterdam：Elsevier.
4. Bonzi，S.，and Snyder，H. W.（1991）. Motivations for citation：A comparison of self citationand citation to others. Scientometrics，21，245 - 254.

续表

5. Borgman, C. L. (1990). Editor's Introduction. In C. L. Borgman (Ed.), Scholarly communication and bibliometrics (pp. 10 – 27). Newbury Park, CA: Sage Publications.
6. Boyce, B. (1982). Beyond topicality: A two stage view of relevance and the retrieval process. Information Processing and Management, 18, 105 – 109.
7. Brooks, T. A. (1986). Evidence of complex titer motivations. *Journal of the American Society forInformation Science*, 37, 34 – 36.
8. Cooper, W. S. (1973). On selecting a measure of retrieval effectiveness. *Journal of the AmericanSociety for Information Science*, 24, 87 – 100.

注：参考文献的索引信息不足使得 ISI 数据库很难用于解释引文网络分析的结果，以及进行涉及参考文献首作者（first author）之外作者的研究。

正如本书第 2 章（2.6 节）所讨论的，解释引文网络分析结果的主要信息来源于被研究对象（如文章、作者、期刊）的相关文档。如果 ISI 数据库下载记录中的参考文献信息不包含标题或完整的期刊名称，那么共被引分析所需的大量参考文献标题必须通过在 ISI 数据库或其他书目数据库（bibliographic databases）中专门检索来确定。这样的检索既困难又耗时，因为这些参考文献的简要信息非常有限，并且不可能使用关键词等附加选项。此外，期刊名称缩写并不总是能够被检索工具识别，尤其是 ISI 期刊名缩写与其他书目数据库不兼容。尽管可以在 ISI 数据库中使用 DOI 检索完整记录，但 DOI 目前仅提供一部分参考文献（如表 3.1 中所示）。即使所有参考文献中都添加了 DOI，这些参考文献也都被收录到 ISI 数据库中，但并不是所有参考文献都可以与源文章匹配，因为 ISI 数据库是基于加菲尔德文献定律构建的，不会将所有参考文献都收录到数据库中（Bensman，2001；Zhao 和 Logan，2002）。即使不考虑非 ISI 数据源的参考文献使得数据不完整而可能产生后续分析无效的问题，ISI 数据库也未能很好地覆盖研究领域（Moed，2010，第 10 章）。

虽然对许多领域来说，第一作者可能代表了对文章贡献最大的人，但以作者字母排序在一些领域是很常见的（Endersby，1996；Lindsey，1980；Rudd，1977；Zhao 和 Logan，2002；Zhao，2005a）。同样，对有些研究领域，最后一位作者可能代表贡献最少的人，也可能是贡献独特而重要的团队领导

(Sonnenwald，2008；Zhao 和 Strotmann，2011a，2011b)。因此，在引文分析研究中，如何将引文权重分配给参考文献中不同位置的作者，应予以充分考虑。除了能对第一作者简单统计外，在 ISI 数据库中对参考文献进行任何深入处理都非常困难。依靠从参考文献回溯到源文章的做法无法完全解决问题，至少对于没有覆盖到的研究领域来说是这样。ISI 创始人加菲尔德提出了使用 ISI 数据库进行全作者计数的另一种方法，他建议编制每位学者撰写或共同撰写的出版物的完整列表，并获得 ISI 数据库对这些出版物的引用，以用于评估(Garfield，1979)。这种方法原则上可以用于所有研究领域的评估，实际上也已经应用于现实中的评估（Moed，2010)。然而，只有评估一个已知的学者群体才是可行的，并且无法应对“从被引来看，谁是这个特定研究领域最有影响力的学者?”等问题。

参考文献中的错误和不一致

最后一点，ISI 数据库的被引和共被引数据的准确性是有问题的，因为同音异义词（homonyms）和同源异名词（allonyms）在 ISI 数据中很常见，这从作者姓名检索文献的结果可以看出（例如 Zhao，DZ)。对书籍的引文特别容易出现这个问题，因为它经常包含引用的页码，并且同一本书的不同版本或不同页面的引用在 ISI 数据库中被认为是对不同数据源的引用。例如，尽管社会学家和哲学家尤尔根·哈贝马斯（Jürgen Habermas）的一生著作在权威的书目总录中也就大约 100 件，但在 ISI 数据库中被引用的形式超过 10 000 种。

3.4.3 如何使用 ISI 数据库来界定研究领域

ISI 数据库是商业盈利型数据提供商，使用该类型数据库进行引文分析需要订购或购买服务，且费用相当昂贵。

如前所述，为了评估整个机构或大学科，购买特定时间段内的数据库往往是必要的。这种类型的引文分析需要大量的数据集，从 ISI 数据库 Web 界面下载可能会非常耗时，因为它禁止自动下载，并且只允许手动下载每次 500 条记录。

对于单个研究领域或少量领域的研究，为订阅用户提供的 ISI 数据库 Web

界面可以使用前面讨论的常用方法来进行领域界定。

对于以期刊为基础的领域界定，可以从 JCR 列出的期刊列表中选择一组核心期刊作为起点。根据实际的研究目标，也可以对 JCR 期刊列表进行删减。例如，JCR 的“信息科学和图书馆学（Information Science and Library Science)”类别的期刊包括管理信息系统领域的许多期刊，这些期刊通常被认为属于商业研究领域而不是 LIS 领域。可以将这部分期刊从列表中删除，其余期刊用于定义 LIS 研究领域。这些期刊的名称可以在出版物名称字段中进行检索，每次一个或由布尔运算符连接后一次检索全部。

要下载检索结果，需要首先将检索到的记录添加到标记列表中，然后下载。由于每次最多只能将 5 000 条记录添加到标记列表中，因此下载超过 5 000条记录的检索结果需要分阶段完成。点击检索结果页面顶部的“添加到标记结果列表”（Add to Marked List）按钮，出现一个弹出窗口。在此窗口中，通过相应地填写记录序号（即第一次填写 1 到 5 000，第二次填写 5 001 到 10 000 等)，指定要添加到标记结果列表的记录范围，然后单击添加（Add）按钮（图 3. 1)。返回到检索结果页面，添加的记录标记数目已显示在“添加到标记结果列表”旁。

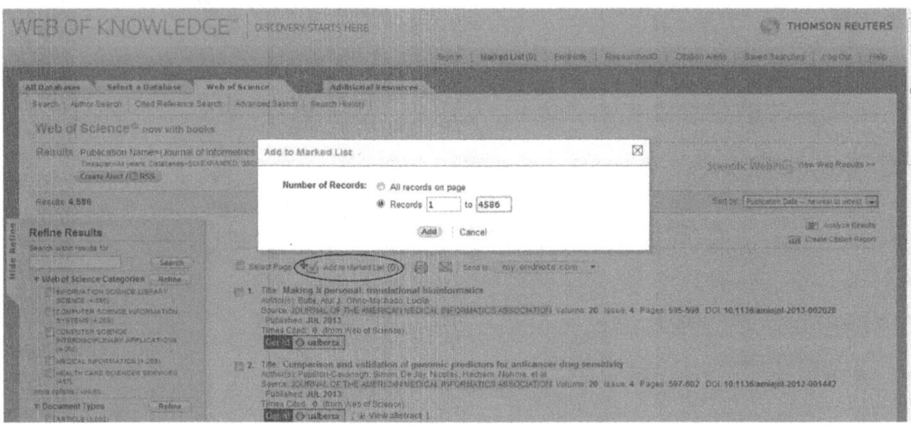

图 3. 1　从 ISI 数据库下载记录——步骤 1：添加到标记结果列表

在检索结果页面的最上方，点击“标记列表”（Marked List）按钮。在下一页中，选择要下载哪些记录和内容以及以何种格式。在步骤 1 中选择记录 1

到 500（然后第二次选 501 到 1 000，以此类推），并确保选中“被引参考文献”框（Cited References box）作为步骤 2 中要下载内容的一部分。在步骤 3 中的“保存为”下拉列表中，选择“保存为其他文献格式”（Other File Formats）选项（图 3.2）。在出现的弹出窗口中，在下拉列表中选择“纯文本”（Plain Text）或“制表符分隔”（Tab - delimited）选项，然后单击发送（Send）按钮。指定的记录将保存在计算机上的下载文件夹中名为 savedrecs. txt 的文件里。要下载下一组 5 000 条记录，首先通过点击标记结果列表页面右上角的橙色按钮清除现有标记列表，然后点击左上角的“退出标记列表”（Exit Marked List），返回检索结果页面（图 3.2）。

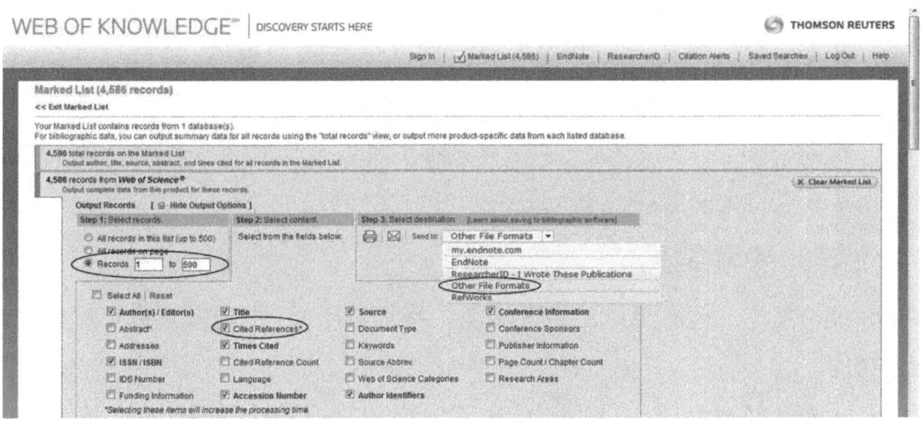

图 3.2　从 ISI 数据库下载记录——步骤 1：从标记结果列表中一次下载 500 条记录

在 ISI 数据库中基于主题（例如关键字）、作者、机构检索的领域界定与上述基于期刊的界定过程相类似，不同之处在于需要在相应的字段中检索（即主题、作者、地址或机构）。

3.5　SCOPUS 数据库

Scopus 的创建时间比 ISI 要晚得多，但作为信息检索工具和引文分析的数据源，它很快就迎头赶上。Scopus 的覆盖范围比 ISI 大得多，也更加多样化；

它实际上是世界上最大的文献摘要和引文数据库，对较新文献的覆盖明显大于对历史文献的覆盖。截至2012年，Scopus拥有4 900万条记录，其中包括超过500万份会议论文、100%的Medline出版物和19 500份同行评审期刊。它的图书覆盖面很广，截至2013年共索引了75 000本图书（Scopus，2013）。

3.5.1 作为引文分析数据源的优缺点

与ISI相比，Scopus作为引文分析数据源既有优点也有缺点。

更多的参考文献信息

Scopus对ISI数据库的主要优势在于可以从其下载的记录中获得关于参考文献的更多信息。与前面讨论过的ISI数据库中的简要信息不同，Scopus提供了参考文献完整的标题、期刊全名以及前七位作者和最后一位作者的姓名，这对于引文网络分析非常有用。所以除去那些高度合作的领域（如高能物理学和一些生物医学领域）——这些领域内8名以上作者合作的出版物相当普遍，Scopus支持大多数研究领域的全作者引文分析。

更好的检索工具

Scopus总体上拥有更好的检索功能，特别是比ISI数据库具有更好的高级检索功能。

Scopus在其80%的标题中使用了7种不同的受控词表（包括MeSH、GEOBASE主题索引和Ei主题词表），从而在某些科学领域内获得更好的检索结果（SciVerse，2012），而ISI数据库核心集合不使用受控词表。Scopus也支持更精确的邻近检索："precedes by"和"within"运算符允许比ISI数据库的"near"运算符获得更相关的结果。Scopus检索结果的精炼（refining）选项在引文分析界定研究领域中特别有用（下一节将详细讨论），它允许按年份、作者姓名、主题、机构、国家及更多选项限制或排除结果，而在ISI数据库中只提供有限的几个选项。特别是Scopus提供的首作者、化学名称或美国化学学会CAS注册号的检索项，ISI数据库均不支持。

下面章节将讨论，从主题数据库（或其他位置如作者简历等）获得的书目记录被批量映射到Scopus（或ISI）数据库，以便获得引文链接（citation links）。ISI数据库将其高级检索中每次查询的检索项数限制为500，而Scopus

中则没有这种限制。由于映射检索策略非常复杂，并且每个文档都需要许多检索条件（有关详细信息，请参阅下一节中的示例），在 Scopus 中检索相同数量的文档只需要 ISI 中一小部分的查询选项即可实现，因为在 Scopus 中的每个查询都可以检索出更多的文档，而不会限制检索词的数量。

相近的检索结果下载功能

Scopus 和 ISI 数据库在下载检索结果方面具有可比性。与 ISI 数据库中每次仅能下载 500 条记录相比，Scopus 支持下载 2 000 条检索结果记录。虽然使用 ISI 数据库可以通过单个检索来实现领域界定，但是检索结果每次只能下载 500 条记录。使用 Scopus 进行领域界定需要一系列的检索，每次检索结果的数据集要小于 2 000 条记录，并且每个这样的小数据集可以一次全部下载完成。实现这种少量检索结果通常很容易，例如检索"知识管理（knowledge management)"这个术语，时间窗口限定为 5 年，获得 5 000 条记录的话，可以通过 3 次或 4 次的检索，将时间窗口限定到 1 或 2 年，就可以实现一次检索得到 2 000 条以内的结果并下载的目的。同样，如果检索一组 12 份核心期刊返回10 000条记录的话，则可以一次检索 2 份或 3 份期刊，将每组检索结果控制在 2 000 条以内。如果不能按年份或期刊分解为一系列较小的检索，则可以使用 Scopus 对检索结果的"包含"或"排除"处理选项将其拆分为两个子集，此方法适用于处理检索结果 4 000 条以下的情况。对于不能拆解为更小检索结果的较大检索集，使用 Scopus 下载会变得困难，但这种类型的检索在 ISI 数据库中同样很难实现。接下来的章节会探讨解决这个问题的方法。

覆盖和索引方面的问题

Scopus 最大的问题是其相对短和不稳定的数据覆盖范围（这使得纵向研究很困难）以及它对社会科学和人文科学研究领域的覆盖不足。Scopus 数据相对较新（2004 年 11 月创建），并且从创建以来在各个方面都进行了迅速的改变，包括数据覆盖和索引。Scopus 创建之初涵盖从 1996 年开始的大多数研究领域，但是一直将历史记录作为其归档项目的一部分，收录了几个主要出版商（包括 Springer、美国化学学会和牛津大学出版社）的完整摘要，记录最早可回溯到 1823 年（SciVerse，2012）。Scopus 对研究领域和期刊的覆盖范围日益扩大，目前已经涵盖 19 500 种期刊（比 ISI 数据库多 60%）。这些期刊有许多是中国等非英语国家（non - English speaking countries）期刊，只要期刊提供英文摘要，Scopus 就收录其非英文标题。截至 2012 年，Scopus 声称其文献标题中有 21% 是非英语的，其中一半以上来自北美以外的地区（SciVerse，2012）。

因此，Scopus 对许多研究领域的选择范围更广，选择性也更少，对非英语国家的倾向性相对较小，尽管已被发现对欧洲国家有覆盖偏颇（Meester，2013）。原则上，引文数据库涵盖的研究领域越多，其数据越好。然而，由于这些引文数据不是随机抽取的文献，需要进行相关研究以确定 Scopus 选择性较少的覆盖率是积极的还是负面的，人们已经习惯了 ISI 数据库的高度选择性覆盖。在一些研究领域，考虑使用 ISI 数据库进行引文分析可能是公平的，因为它代表了研究领域中精英群体的集体观点，但 Scopus 如何扩展这种观点现在还不清楚，Scopus 究竟代表了什么观点也不明确。

Scopus 的期刊索引可能并不完整，因为某些期刊的一些期（issues）未被收录（Goodman，2007；Zhao，2010）。它的索引格式也一直在改变，这就需要不断更改用于处理其下载数据的计算机程序。

在 Scopus 的覆盖范围和索引系统固定下来之前，需要稳定覆盖和索引的研究可以同时使用 ISI 和 Scopus 两个引文数据库。具体而言，可以在 ISI 和 Scopus 数据库中执行引文分析研究领域界定所需的相同检索策略，并下载相应的检索结果。使用来自 ISI 数据库的数据集进行被引和共被引计数，同时使用 Scopus 数据集获得参考文献信息以解释结果。

3.5.2 如何使用 Scopus 进行领域界定

与 ISI 一样，Scopus 也是商业盈利型数据库，使用 Scopus 订购或购买数据集进行引文分析，也是相当昂贵的。对于单个小型研究领域或少量领域的研究，Scopus 的 Web 界面可以使用前面讨论的所有常用方法来进行领域界定。对于研究整个机构或大量大型研究领域的研究，从 Scopus 购买数据集通常是必需的，因为这种引文分析需要大型数据集，Web 界面的检索结果只能下载 2 000条记录。

基于期刊的领域界定，在 Scopus 中将定义研究领域的期刊名称放入来源

(Source) 字段进行检索，一次一个或由布尔运算符 “or” 连接后检索。图 3.3 显示了对四种期刊的检索。“添加检索字段 (Add search field)” 按钮可用于添加更多期刊或其他字段。

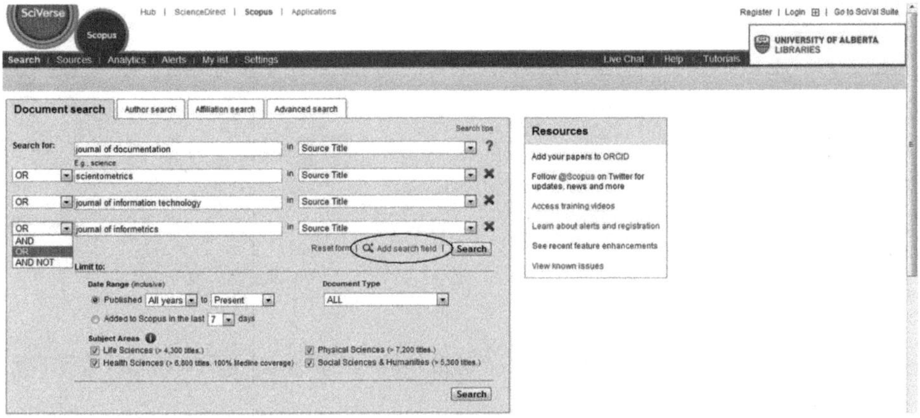

图 3.3 以期刊为基础的领域界定：在 Scopus 数据库中一次检索四份期刊

下载小于 2 000 条记录的检索结果，需选中复选框旁边的所有检索结果 (不是下载) 链接 (图 3.4)。在下一页中，选择导出格式为 “逗号分隔文件 (Comma separated file, .csv)”，输出选项为 “完整格式 (Complete format)”；然后点击导出 (Export) 按钮 (图 3.5)。

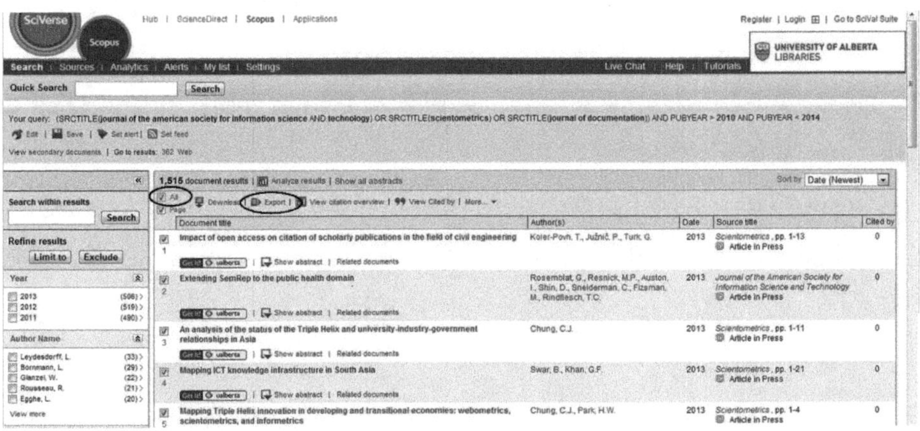

图 3.4 从 Scopus 数据库下载最多 2 000 个检索结果——第 1 步：全部标记以便导出

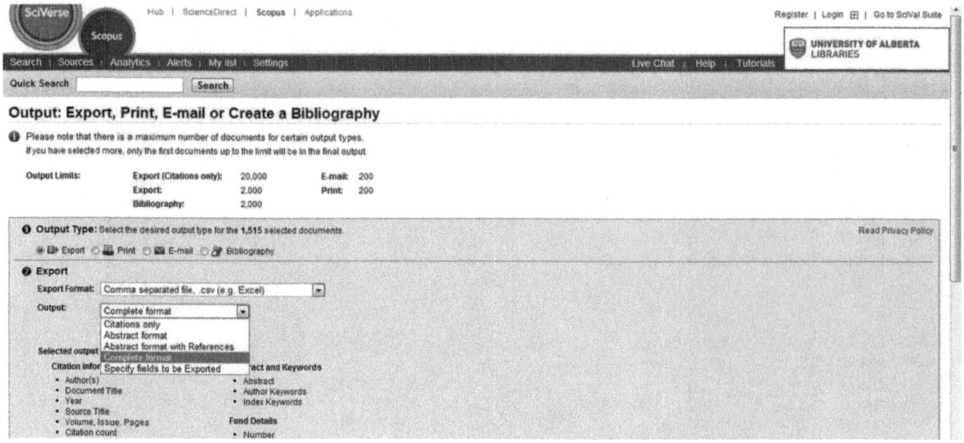

图 3.5　从 Scopus 数据库下载最多 2 000 个检索结果——第 2 步：选择导出格式进行下载

如果检索结果超过 2 000 条记录，则一次检索 1 年期限或一组较小期刊的相同检索。在检索结果页面左侧的细化结果（Refine results）部分的“限定（Limit to）”和“排除（Exclude）”选项也可用于此目的（图 3.6）。例如，图 3.3 所示的例子中，检索扩展为更多的包括期限 2 年或期刊 4 种，检索到 5 000条记录，则可以执行 7 次检索，每次检索一份期刊的 5 年数据，或执行 5 次检索，每次检索所有 7 份期刊的 1 年数据。如果检索所有期刊和所有年份导致的记录数量少于 2 000 条记录的两倍（例如 3 500），那么可以首先在“检索结果”部分中对检索进行优化，方法是选中 5 年中的 3 年，然后选择“Exclude”选项，下载检索结果后，返回到检索结果页面，选中“Limit to”选项，并下载结果（图 3.6）。

Scopus 中基于主题（关键词）、作者、机构检索的领域界定与上述基于期刊的过程类似，需要在相应的字段（文章标题、摘要、关键词、作者、机构）处检索。

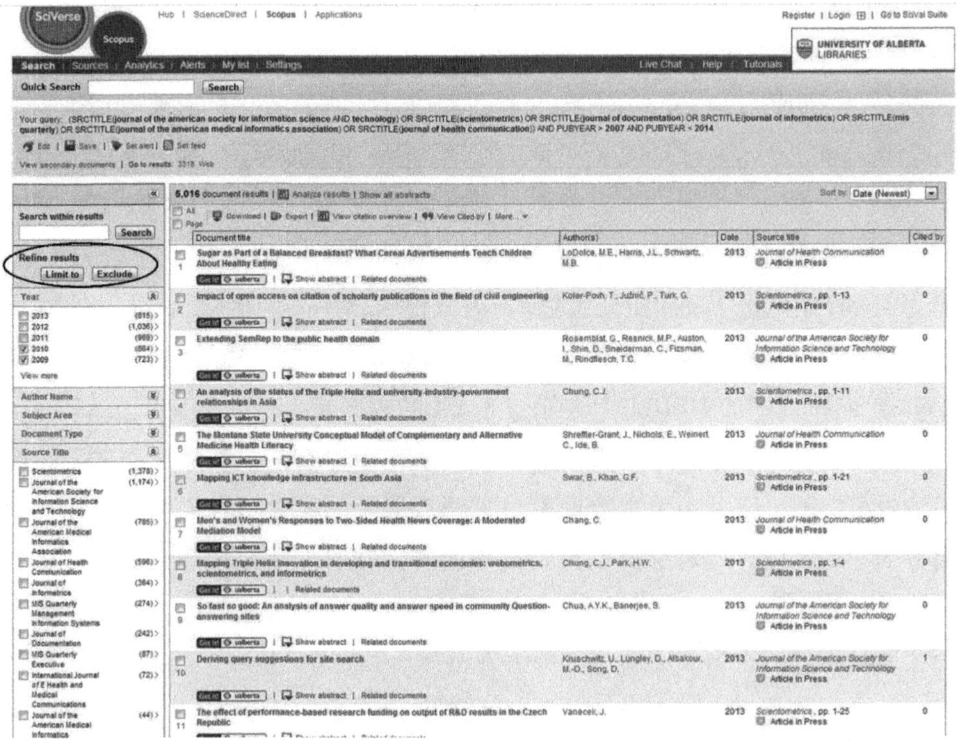

图 3.6 使用检索细化（search refinement）将检索结果分成可控制大小的块（chunks）然后下载

3.6 将引文数据库与主题书目数据库相结合的领域界定

主题书目数据库（subject bibliographic databases）是指涵盖特定主题或研究领域的书目数据库，例如用于教育相关研究的教育资源信息数据库（ERIC）和用于生物医学研究的 PubMed 数据库。这些数据库对于所涉及的主题领域往往更加有效，因为他们通常使用专门的主题词表，因此支持对这些字段进行特定的检索。另一方面，引文数据库通常涵盖所有研究领域，仅提供适用于所有研究领域的通用检索工具，即使引文数据库确实提供了某些特定的索引，如 Scopus 提供的两个化学特定索引（化学名称和美国化学学会

CAS 注册号），但这些索引通常不如主题数据库综合而广泛，因此不具有可比性（SciVerse，2012）。

例如，MEDLINE 是美国国家医学图书馆（NLM）提供的首要书目数据库（premier bibliographic database），包含数百万关于生命科学的期刊文章，专注于生物医学领域；它的一个显著特点是使用 NLM 医学主题词（MeSH）进行有效的手动索引。MEDLINE 提供 MeSH 检索选项（例如检索术语“干细胞”作为 MeSH 术语或 MeSH 主要主题），因此检索效率高。尽管 Scopus 和 ISI 数据库都涵盖了 MEDLINE 100% 的数据，但 Scopus 不支持 MeSH 检索功能，而 Web of Science 中的 MEDLINE 是独立于 ISI 的数据库，不包含参考文献记录。

因此，对于领域界定来讲，从主题数据库中检索的数据集比引文数据库更清晰更完整。因此，引文数据库与主题数据库的结合可以为引文分析提供更好的领域界定，这对于揭示特别微妙的研究政策问题来说非常重要，但代价是必须将主题数据库的检索结果映射（map）回引文数据库。除了得到更完整和更清洁的数据集之外，这种做法还有其他优势：

- 允许从 Scopus 中检索大于 2 000 条记录的数据集（并且无法分解为更小的数据集）；
- 作为对 ISI 数据库或 Scopus 数据库中检索效果不好的姓名和参考文献进行标准化和消歧的一种方式；
- 获得的参考文献信息比 Scopus 提供的参考文献信息更准确。

这些优势以及使用这种方法进行领域界定的过程将在后面讨论，即结合 Scopus 和 PubMed 数据库，检索干细胞研究领域中全作者共被引分析（all - author co - citation analysis）所需的数据。PubMed 是由 NLM 以 MEDLINE 为核心提供的公开服务。它包含了自 1948 年以来由信息专业人士创建（或由期刊出版商提供）并由 NLM 维护的超过 1 800 万份丰富的生物医学期刊书目记录。

下面描述的方法结合了 PubMed 数据库，因此仅适用于生物医学研究领域，但其他领域如工程学由于也存在大规模高质量的书目数据库，故可以借鉴使用。下面大部分的内容改编自 Zhao 和 Strotmann（2011a；2011b）以及 Strotmann 等（2010）的研究。

3.6.1 联合 SCOPUS 和 PubMed 对干细胞研究领域界定的理由

干细胞研究是一个高度跨学科的生物医学研究领域，由于干细胞是人体每个器官工作的基础，各种生物医学期刊上均有发表。干细胞涉及多种疾病，并且在许多领域都有望成为研究工具和治疗手段。此外，干细胞研究的组织工作（logistics）需要生物信息学和生物医学工程的大力支撑。出于各种原因，这一领域有相当广泛的社会科学研究。

Zitt 和 Bassecoulard（2006）在纳米科学研究中发现，基于期刊的领域界定显然不适用于这类研究，也不适用于通用引文数据库中的关键词检索，这些检索工具通常不能很好地界定新兴领域和跨学科领域，Suomela 和 Andrade（2005）在进行干细胞研究中也发现了类似现象。即使 Scopus 或 ISI 数据库中的关键词检索足够用于此目的，这些数据库仍然不适用于界定大型、活跃、多样化和高度协作的干细胞研究领域。因为在这个领域里，每年出版大约10 000篇论文，分布在数百种期刊上，这就使得克服 Scopus 下载限制（例如一次检索 1 年或几份期刊）的解决方法没有帮助。在干细胞研究领域以及许多生物医学研究领域，后几名作者（Last authors）发挥着主要作用，这使得仅支持基于首作者引文分析的 ISI 数据库也存在问题。

采用 PubMed 和 Scopus 相结合的三步映射过程，可以收集干细胞研究领域完整、清洁并且包括完整参考文献的数据集，用于该研究领域界定的引文分析：①使用 PubMed 的 MeSH 检索工具获取论文；②将这些论文映射到 Scopus 以获得他们的参考文献；③将 Scopus 的参考文献映射回 PubMed 以获得参考文献的完整数据以及消歧工作（即数据清理）。

选择 Scopus 而不是 ISI 数据库有两个原因：①如前一节所述，使用 Scopus 中的高级检索工具检索相同数量的文档只需 ISI 检索量的一小部分，因为 ISI 对检索词数量有限制；②ISI 仅索引每个参考文献的简要信息，使得将参考文献映射回 PubMed 非常繁琐。相比之下，Scopus 的参考文献可用于映射的信息相当广泛：最多 8 个作者姓名（姓和名字首字母）、标题、完整期刊名称、出版年、卷期和页码。

3.6.2 联合 Scopus 和 PubMed 进行领域界定的映射过程

如前所述，在 PubMed 和 Scopus 之间进行三步映射过程。

第 1 步：在 PubMed 上获取干细胞研究的完整和干净的参考文献

Suomela 和 Andrade（2005）曾是加拿大干细胞网络研究的主要人员，他们研究了干细胞研究领域数百种潜在检索术语的调回率和特殊性。结果表明，PubMed 的 MeSH 检索提供了一个很好的领域界定，而该领域的跨学科性质似乎使得在 Scopus 或 ISI 数据库中构建相同质量的关键词检索策略不可能实现。

参照他们的研究结果，在 PubMed 中进行“干细胞（stem cell）”MeSH 检索，相信检索结果将比 ISI 或 Scopus 支持的关键词或主题检索的结果更清晰和更完整。仅限定发表日期为 2007 年，就在 PubMed 中检索到 10 000 多条记录（10 915 条），且支持以 XML 格式下载 2004—2009 年的全部检索结果，这一切都是一次性完成的——ISI 或 Scopus 均不支持该功能。

第 2 步：将 PubMed 检索结果映射回 Scopus

开发计算机程序创建检索字符串（search strings），包含从下载的 PubMed 记录中提取的信息，这些信息可以识别 Scopus 中对应的记录。为避免出现超时错误，每个检索字符串的目标是从 Scopus 中识别出 500 篇文章，但原则上 Scopus 中可下载的最大检索数量为 2 000。

对绝大多数案例来说，Scopus 和 PubMed 之间的映射记录可以通过 PubMed ID（PMID）简单地完成，该识别码用于识别 PubMed 中的每篇论文，在 Scopus 中被用作书目记录（bibliographic records）的可检索字段进行了索引。因此，Scopus 中的 500 篇文章的检索字符串可以由 PubMed 记录中提取的 500 个 PMID 组成，例如，类似“PMID（3219062）”的 500 个字符串用布尔运算符“or”分隔开。

遗憾的是，并非 Scopus 中所有记录都有 PMID 字段，而且某些记录中的 PMID 值无效。对于 PMID 字段缺失或错误的记录，将在 Scopus 中使用其他检索策略。

简而言之，针对单篇文章的 Scopus 检索可以用标题、起止页码、作者的姓氏、刊源的 ISSN 或标题以及卷期编号。文章标题（TITLE）和期刊标题（SRCTITLE）字段有标准化格式，例如：

(ISSN (0007 – 1048) OR SRCTITLE ("British Journal of Haematology")) AND VOLUME (111) AND ISSUE (2) AND AUTHLAST – NAME (moscardó) AND TITLE ("graft – ver – sus – tumour effect in non – small – cell lung cancer after allogeneic peripheralblood stem cell transplantation. ") OR (PAGEFIRST (708) AND PAGELAST (710)) .

正如刚才提到的，从下载的 PubMed XML 记录中提取信息创建的检索，旨在识别 Scopus 中的 500 篇文章。这表示提交给 Scopus 的实际检索由上述 500 个文章检索字符串组成，并以布尔运算符连接。

为了遵守 Scopus 禁止自动下载的限制（Scopus，2004），需要将自动构建的检索策略手动输入 Scopus 中，然后下载检索结果的完整记录。

针对 Scopus 检索结果中的错误返回，人们开发了一个计算机程序，即从 Scopus 检索到的记录中删除未包含在 PubMed 原始下载记录的数据。

上述用于将 PubMed 记录映射到 Scopus 的策略和算法非常有效：在 Scopus 中只有大约 2% 的 PubMed 记录没有被发现，并且错误返回率不到 1% 。

第 3 步：将 Scopus 参考文献映射到 PubMed 记录

从 Scopus 下载的完整记录可以作为引文分析研究的数据集，不需要 Scopus 提供更多的数据。但是，通过将 Scopus 参考文献与 PubMed 记录进行映射，可以进一步提高数据集的质量，这对于需要更精确和完整数据的引文分析研究（如微妙的政策问题）来说是必要的和重要的。例如，Scopus 数据仅收录每个参考文献的最多 8 位作者，这可能是对高度协作研究领域进行基于引文的研究评估的一个潜在问题。例如在干细胞领域，大型团队合作（large – group collaboration）现象非常普遍。将引用的参考文献映射到完整的 PubMed 记录将完成全作者列表，大多数是他们的全名。此外，Scopus 对同一篇文章的参考可能有多种形式，因此，为所有文章确定相应的 PubMed 记录将在相当程度上解决参考文献消歧的问题。

请注意，Scopus 参考文献也可以与 Scopus 源文件映射，因为 Scopus 完全覆盖了 MEDLINE。如果购买了整个 Scopus 数据库，可以很容易地使用参考文献标识号完成，但是需要一个类似于上述步骤 2 的过程，映射 Scopus 下载的不包含参考文献 ID 的记录（事实上这更糟，因为 PMID 不包括在参考文献中）。这个过程比映射到 PubMed 的过程更加困难和耗时，后者还能使用批量引文匹配器（Batch Citation Matcher）(http://www.ncbi.nlm.nih.gov/pubmed/batchcitmatch)。

选择 PubMed 批量引文匹配器而不是直接在 PubMed 中检索进行匹配有两个原因：①批量引文匹配器可以处理非常大的查询（例如，一次数千条引文）；②除了期刊名称和出版年份字段外，一旦有一个字段匹配，此工具将忽略其他字段的值——这种功能可以容许 Scopus 中的拼写错误或页码错误。因此，批量引文匹配器可以作为 Scopus 参考文献有效的消歧工具，并且可以很容易地检测 Scopus 原始数据中的重复内容。

开发计算机程序从 Scopus 的参考文献中创建检索字符串，以查找要发布到 PubMed 批量引文匹配器的文章记录。Scopus 参考文献在作者姓名、文章标题、期刊名称等方面相当不一致——同一篇参考文献出现 5 ~ 10 个不同的版本并不罕见。使用批量引文匹配器将这些参考文献映射到 PubMed 记录中，不仅可以获取参考文献的数据，而且不同格式的参考文献将匹配到 PubMed 的同一记录，有助于 Scopus 参考文献数据的清洗（即消歧）。

批量引文匹配器的查询结构很简单，如下：

Journal name | publication year | volume | starting page | first authorname |

期刊名 | 发表年 | 卷 | 起始页 | 首作者姓名

例如，“Arterioscler Tromb | 1994 | 14 | 25 | Ahlswede KM | ” 是对 Scopus 中如下参考文献的查询：

Ahlswede, K. M., Williams, S. K., Microvascular endothelial cell sodding of 1 - mm expanded polytetrafluoroethylene vascular grafts (1994) Arterioscler Thromb, 14, p. 25.

PubMed 引文匹配器返回与该记录对应的 PubMed 标识符（PMID），否则返回字符串“NOT FOUND”。这些 PMID 随后用于从 PubMed 检索相应的完整记录。

以上检索通过电子邮件以数千个模块的形式手动发布到 PubMed Batch

Citation Matcher，随后通过回信得到这些文章的 PMID。大约 90% 的参考文献是通过这种方式成功映射的。

然后尝试通过修改和重新发布那些尚未找到的 10% 文章的查询来提高命中率。首先，返回 NOT FOUND 的查询被重新提交，但是期刊名称保留空白，大约能返回 55% 前次不能映射的文章。其次，剩余的不映射查询重新提交，并附上期刊名称，同时（a）不填出版发行年或（b）上移年份或（c）下移年份。通过这三次查询可以找到前面两步中未映射文章中的另外约 8%。总计，Scopus 数据库中 2007 年干细胞研究领域文献记录包含的 433 133 篇参考文献，使用该方法在 PubMed 中获得了 414 976 篇，三个步骤的总命中率（hit rate）为 96%。

最后一步，编写一个小型计算机程序，对于不在文献合集中的文档，自动下载全部 PubMed 记录。使用 NCBI EFetch 工具，它的 Entrez 程序可用于 PubMed，该程序自动检索所有匹配的参考文献 XML 格式完整记录，以 500 条记录为单位。一旦获取，每个记录与 PubMed ID 中的原始查询结果映射，执行最终的数据清理。

3.6.3　获得的数据集及其引文分析的优点

因此，三阶段映射过程产生了三组数据：（a）原始下载的来自 PubMed 的论文；（b）与（a）对应的 Scopus 下载的带有参考文献的论文；（c）完整的（b）中参考文献对应的 PubMed 记录。

开发一个计算机程序，将这些数据集组合成支持引文分析的形式。上面的数据集（c）与（a）合并，因为两者重叠很大，特别是当引用窗口很大时。施引—被引关系在合并过程中记录在单独的文件中。对于 PubMed 中未找到的那些参考文献，例如书籍，保存 Scopus 参考文献字符串中提取的数据，并转换为与 PubMed 记录类似的 XML 格式。

因此，引文分析的最终数据集由三组 XML 文档组成：一组由原始下载的 PubMed 施引文献和 PubMed 被引文献组成，一组为来自 Scopus 的文献，未找到 PubMed 全记录，还有一组为这些论文之间施引—被引的关系。三组文档可以作为各种引文挖掘研究的数据集，与仅从引文数据库获得的数据相比，它们具有以下优点：

• 由于文献的规范化和独特的识别技术，使得数据更加准确。

• 采用 XML 格式，便于解析和处理。

• 更清洁（施引—被引关系被阐明）、更完整（包括几乎所有施引论文和被引文献的完整作者信息）。

3.7 领域界定和文内引文分析

如前所述，依赖 ISI 和 Scopus 等引文数据库进行引文分析被诟病的主要原因，是数据库的数据缺失特征（Garfield，1979；MacRoberts 和 MacRoberts，1989；Smith，1981）。主要是这些数据库对社会科学和人文科学领域的文献覆盖不足，使得这些领域的引文分析不可靠（Moed，2010）。

尽管一些数据库限制（例如索引或下载问题）可以得到解决（Strotmann 等，2010；Zhao 和 Strotmann，2011a），但这些数据库的覆盖问题完全取决于运行这些商业数据库的公司。

因此，寻找替代方法和替代数据来源是非常重要的，这些方法和来源会减少完全依赖这种类型数据库产生的引文分析问题。

来自全文档的文内引文数据可能是替代数据源之一。Zhao 和 Strotmann（2014b）探讨了文内基于作者（in – text author – based）的引文分析的可行性、益处和局限性，并且比较了使用引文数据库进行传统引文分析的效果。他们发现，文内引文分析可以像使用引文数据库进行传统引文分析一样用于作者排名和拓扑构图，前提是作者姓名的消歧（author name disambiguation）。如果没有作者姓名消歧，文内引文分析对作者排名并没有多大用处，作者共被引分析对于确定主要研究领域及其相互关系很有效，但对小型研究领域和作者专业会员资格（authors' memberships in specialties）的解释需要谨慎。

与使用引文数据库进行引文分析一样，文内引文分析为研究领域引文分析带来重要益处，但也有其局限性。考虑到创建文内引文数据库需要的工作，并解决依赖它们进行引文分析研究带来的问题，可能需要进一步探索如何充分实现这些益处并解决其局限性。

以下是关于利用文内引文数据进行引文分析的可行性、益处和局限性的详细讨论，主要来源于 Zhao 和 Strotmann（2014b）。

3.7.1 文内引文分析的可行性和优势

学术写作要求文章（或书）的作者在文中引用相关文献时进行标注，并在文章末尾的列表中列出被引文献的细节（在某些出版传统中，放在脚注或尾注）。有多种标准引文风格可以详细说明如何编写文内引文和参考文献列表，一种引文风格会被一个或多个学术团体同时采用。例如，在美国心理学协会出版手册（APA，2013）中规定的 APA 风格，要求将文本中的所有引文置于括号内，以分号分隔，每个参考文献最多包含 3 位作者姓名及其出版年。如果同一作者的多个出版物被引用在同一括号内，则作者姓名只列出一次，然后用分号分隔出版年。如果引用同一作者同一年的多篇出版物，则通过在出版年份后增加小写字母来做区分。或者作者的姓氏在文中列出，然后在括号中加上年。整篇文章中保持一致的格式。

随着科学传播向电子出版迈进，现在期刊文章和书籍越来越多地以全文电子版发行。处理文本的技术也有了显著的进步。事实上，与其他类型的文本处理和挖掘处理技术相比，由于文内引用具备括号界定以及遵循一系列规则的特点，从全文中自动识别并提取文内引文以及从这些引文中解析作者姓名和出版年等技术并不存在过于复杂的问题（Alako 等人，2005；Frijters 等人，2010；Strotmann 和 Bleier，2013），可以说具备相当简单和准确的技术潜力。

APA 引文风格不仅被心理学使用，也被其他学术共同体使用，尤其是在社会科学领域，如语言学、社会学、经济学、犯罪学、商业、教育、护理和图书情报研究。其他广泛使用的引文风格（如芝加哥引文格式）在文内引用格式方面与 APA 非常相似。因此，文内引文分析可能会将引文分析延伸到这些研究领域，而大多数引文数据库长期以来一直忽视这部分内容。

以括号划定的“作者，年代”格式的文内引用不仅可以支持引文分析中使用的作者被引和共被引计数方法，还可以支持一些加权计数方法（weighted counting methods），这些方法有可能比传统方法以及引文语境分析法（citation context analysis）有所改进（Narin，1976；Small，1982）。

目前，一名作者从一组文章中获得的引用次数通常以该作者作品出现在这组文章的参考列表中的总次数为计，包括在同一作品中的多次出现。例如，如果作者 A 发表的两篇作品被 X 文章引用，三篇作品被 Y 文章引用，那么无论这两篇、三篇被引作品重叠多少，从 X 和 Y 收到的被引次数都是 5，无论 A 的作品在 X 和 Y 中的引用频繁程度以及在何处被引用。两位作者之间的共被引次数传统上定义为：在至少一篇文献的参考文献列表中列出相同作者作品的论文数量。例如，如果上面文章 X 和 Y 也分别引用了作者 B 的一篇和两篇文章，则 A 和 B 之间的共被引计数是 2，即共同引用它们的有两篇文章（X 和 Y），与 A 和 B 实际上有多少作品被引用或被 X 和 Y 引用多么频繁均无关。

使用文内引文数据计算这些传统被引和共被引数据原则上相当容易。“作者，年份”格式的文内引用字符串首先从每个施引论文（或书籍）中识别并提取。施引论文的所有文内引用字符串可以合并为一个长字符串。每当这个长的字符串包含作者 A 和 B 的姓氏时，这篇施引论文对作者 A 和 B 的共被引次数做出一次贡献。施引文献中一个作者的被引次数是长字符串中独特而唯一的“作者，年份”组合出现的次数。

然而，这些传统的被引和共被引计数方法还没有考虑被引文献在施引文献中出现的频次和重要程度。换句话说，所有引文重要程度都被认为是一样的，这也是引文分析被批评的另一个原因。如果在文章的几个主要部分，包括方法论和讨论部分被多次提及，说明这些引文对于正在进行的研究具有真正的启发。其他引文则仅在施引文章的文献综述部分提及。在后一种情况下，研究人员通常仅仅权衡是否需要引用这篇文章。在使用被引数量来衡量研究影响时，不提高具有真正启发作用的引文地位显然是不合理的。同样，同一括号中同时引用的文章往往比同一段中同时引用的文章关系更密切，同一段中同时引用的文章比同一节中同时引用的文章关系更密切，等等，这些是引用常识。将所有引文（包括被引的作者）都视为相同相关度量值的方法是过于简单化的。

长期以来，人们提出将引文加权作为对直接引文次数的潜在改进

(Herlach, 1978; Narin, 1976)，最近开始对其进行深入研究并进行大规模测试。已经发现，文内出现频率加权（in - text frequency - weighted）的引文次数法是利用全文特征（full - text features）鉴定该文章作者认为的重要引文的最好方法（Zhu 等，2014），通过共被引相对位置的加权，可以提高共被引分析的质量（Boyack 等，2013）。

文内引文频率和位置加权的被引分析和共被引分析支持了对文内引文数据的使用。使用文内引文数据，可以统计文章中每篇引文的频率，并在提取相应的文内引文字符串时记录每篇引文的位置。由此产生的信息可用于衡量引用或共被引行为，从而可能更好地衡量作者的影响力或相关性。例如，采用引文频率加权的粗略引文次数（rough citation count）方法相对容易，该引文次数使用文内引用长字符串中"作者姓名"总体出现次数作为被引总次数。这个计数是"粗略的"，因为根据上面提及的 APA 引文风格，作者的名字并不总是列在文内引用中；然而，通过对所有文内引用格式的标准化后，该方法会变得相当可靠（Zhao 和 Strotmann，2014b）。计算按频率加权的共被引方法也可用于计算作者的书目耦合率（Zhao 和 Strotmann，2008b）。具体而言，两位作者间的频率加权文内共被引数，可以在数学上定义为施引文献文内引用字符串归一化后两个作者姓名的两个多重事件交集的度。例如，如果作者 A 和 B 的名称在施引文章 X 的文内引用字符串中分别出现 3 次和 5 次，则文章 X 贡献 3，即 min（3，5），用作两位作者共被引的加权。最后，在数学上对应于多集合的交集而不是文献集合的引用。例如，可以通过给同一括号内被引文章（或被引作者）分配 4、3、2、1 和 0 的权重，分别对应出现在相同插入语中、相同句子中、相同段落中、相同章节中和相同文献中的情况。

3.7.2　文内引文分析的局限性

引文分析从发展之初就引发了许多批评，其中大多数是关于评价性引文分析的，即使用引文次数（或从中得出的分数，如 h 指数）对期刊、研究人员、机构或国家进行以研究为目的的评估。尽管被批评，但引文分析在研究性评估中起着越来越重要的作用，正如近期各种大学排名所引发的热烈讨论以及在学术界广泛而迅速地使用 h 指数所呈现的那样。

相比之下，引文网络分析（citation network analysis），即使用引文链接（citation links）作为研究对象（例如文章、作者、期刊）间相关性度量（measures of relatedness）的研究领域绘图（mapping），却没有受到过多的批评。当然它也没引起太多的关注，部分原因是它的实施更为复杂，并且对研究人员在解释结果时所掌握的领域知识提出了更高的要求。然而，近年来，基于引文分析的各种科学绘图研究大幅度增加（Zhao 和 Strotmann，2014a）。

尽管引文分析的许多批评集中在引文分析所依赖的引文数据库问题上，但这些数据库仍然被用作引文分析研究的主要数据来源。虽然文内引文分析有其自身的局限性和问题，但它带来的好处可能有助于解决这些问题，这与目前解决引文数据库的问题所需的工作量相当。

如下所示，文内引文分析的局限性大部分来自研究型论文和书籍的全文可用性，以及对使用 APA 标准引文风格的依赖。使用文内引文数据进行评价性引文分析时还有一些额外的限制。

学术内容的全文可用性

出于所有意图和目的，学术出版已经转向全数字化生产，这意味着几乎所有近期和目前的学术出版物都以数字形式存在。许多数字化项目已经将过去的出版物从纸张转换为电子格式，所有的学术出版物都能以数字形式提供并不是梦想。因此，为了引文分析研究的目的，原则上可以系统地收集文内引文数据。然而，在实践中，许多全文材料仍然被商业公司（例如期刊或书籍的出版商）控制，研究人员所在图书馆订阅的电子期刊通常不支持文内引文分析所需的全文批量下载和文本挖掘。例如我们必须手动从 JASIST 上手动下载全文，一次一篇，这非常耗时。因此，目前很难通过电子期刊进行大规模的在线引文分析研究。图书馆订阅的电子图书情况更糟，因为通常根本没有下载选项，更不用说全文分析。自由出版的学术出版物往往不系统或不完整，因为它们大多是在研究人员自愿自存的基础上运行的，而不是像在引文数据库或电子期刊中那样系统地收集资料。PubMed Central 也是一个可供大规模下载的开放的生命科学获取全文出版物交换中心，但全文数据仅涵盖其书目数据库内容的约 5%。因此，使用这些存储库作为文内引文分析的数据源目前存在很大问题。

支持引文分析的类型

这里描述的文内引文分析仅限于使用标准的 APA 引文风格的研究领域的作者被引分析和共被引分析。这需要相当复杂的技术，即映射到文本的参考文献部分，并通过书目数据库扩展信息，以便将其用于其他类型的引文分析：例如对于期刊名称不出现在文本中基于期刊的引文分析的情况；“作者，年代”组合不能唯一地识别被引文章的文献引文分析或任何类型的书目耦合分析的情况；或使用上标或括号加数字的形式链接到文末有编号的参考文献的情况。在这些情况下，每个文内引文都需要在全文中标识出完整的参考信息，更不用说在识别同一文献在不同出版物中被引时涉及的格式消歧。在这种情况下，可以直接使用某些资料库（例如 PubMed Central），因为它们在全文中包含标记，并且链接到包含文献标识符的参考文献部分。

对作者姓名消歧有更高要求

ISI 数据库的作者姓名使用作者姓 + 名字首字母，Scopus 数据库则使用作者全名，相对而言，文内引文数据通常只有姓氏可用，所以文内作者引文分析比使用引文数据库的引文更加敏感。因此，文内引文分析对作者姓名消歧有着更高的要求。尤其出于评价目的的研究，对于使用引文数据库的研究来说，作者姓名消歧已被证明是必要的（Strotmann 和 Zhao，2012）。与 ISI 数据库的引文数据相比，对文内引文数据的作者姓名消歧是可行的，甚至更容易，更有效。这是因为引用语境、被引频率和共被引模式都是作者姓名消歧的极好信息来源（Strotmann 和 Zhao，2012），并且这些都可以在文内引文数据中获得。当然也有待于将来的研究测试。

被引计数加权对引用行为的潜在影响

研究发现，被引指数可以并且已经受这些指数影响的被评价各方的操控，例如作者的 h 指数、期刊的影响因子（Archambault 和 Lariviere，2009；Bartneck 和 Kokkelmans，2011 年）。如前所述，使用文内引文分析的频率或位置加权的引文计数可能会引入新的操控机会。另外，如果使用频率加权，那么用于批评引文分析的非使用目的的负面引用和其他引文行为可能会使引文分析结果比现在更加偏颇。然而，这种限制并不适用于文内引文分析，因为它是由加权引起的，而不是由引文来源引起的，使用文内引文数据对引用行为进行加权的潜在附加效果原则上可以使用引用语境情绪分析（citation context sentiment analysis），以确定并适当衡量是否是负面引用。此外，共被引分析无论是否加权，都不会对引用行为产生太大影响，因为没有太多动机来操控提高作者间的相关性。

识别和解析文内引文时的错误

就像引文数据库中参考文献可能会引入错误一样，完全避免、识别和解析文内引文中的错误是不可能的。括号内的标准文内引用非常容易识别和解析，但对于将注释添加到括号内的文内引文的处理变得复杂，例如“e. g.”或“see also”或同一作者多篇作品作者姓名被删除的情况；由于没有统一的分隔符来标记作者姓名列表的开头，识别文内引文的“作者，作者，作者…，年份”（例如，“Smith，Chen，and Kim（1981）指出......”）等情况，也变得非常困难。这些问题可以通过使用先进的文本挖掘技术来解决，但必须以处理更复杂的全文分析问题为代价。

支持全作者被引和共被引计数的有限性

在 APA 格式的文内引文数据中，这些引文在文中首次出现时会列出全部作者（最多含五位作者），但随后出现该引文时仅提供第一作者（后面加上“et al.”），如果引文超过五位作者时也仅提供第一作者（APA，2013）。这意味着文内引文分析支持传统的第一作者被引和共被引计数，就像使用 ISI 数据库进行引文分析一样，这些数据库仅索引每个引文的第一作者。此外，在合作水平低的研究领域中，文内引文分析支持基于全作者的被引计数，但对于高度协作的研究领域来说可能效果不佳。在社会科学和人文科学领域，由于合作现象罕见，通常仅限两到三位作者，文内引文分析的帮助也有限。

3.8 使用 Google 学术搜索引擎和其他引用数据源在 Web 上进行领域界定

除了系统地选择和索引学术期刊出版物（以及少量会议和图书出版物）

的两个主要的商业引文数据库（ISI 和 Scopus）之外，公共网站提供的引文数据库（和相关工具）也被发现很有用。这些数据库自动索引在网上找到的学术出版物，包括参考文献。其中最著名的是涵盖所有研究领域的谷歌学术（Google Scholar，http：//scholar. google. com）和广泛用于计算机科学研究的 CiteSeer（http：//citeseerx. ist. psu. edu/）。

就像 ISI 和 Scopus 一样，Google Scholar 和 CiteSeer 最初是信息检索工具，而不是引文分析工具。与传统信息检索系统相比，他们在引文分析方面具有令人惊奇的特征。例如，CiteSeer 方便进行施引文献和被引文献的关键词检索（主题词、作者姓名、编号等）。一旦找到论文，CiteSeer 就可以提供与之相关的所有信息。像 ISI 和 Scopus 数据库一样，它提供有助于评价文章影响的信息，例如被引频次和被引历史，以及通过各种标准获取相关文献的选项（包括施引文献和被引文献，或同被引文献）；与 ISI 和 Scopus 不同的是，CiteSeer 还提供了每篇文献被引用的环境，帮助用户评价施引文献的相关性，并提供多种格式的全文链接以及作者主页链接。

作为引文分析的数据源，CiteSeer 已被用于引文分析，研究网络世界和印刷世界之间的学术交流以及开放获取（open access）对学术出版物引用的影响（Craig 等，2007；Goodrum 等，2001；Lawrence，2001；Tarrant 等，2008；Zhao，2003，2005a，2006a）。作为评价性引文分析的数据源，有学者将 Google Scholar 与 ISI 和 Scopus 进行了比较（Bar - Ilan，2008；Falagas 等，2008；Harzing，2008，2013；Meho 和 Yang，2007），发现 Google Scholar 可以产生与 ISI 和 Scopus 数据库高度相关的作者排名，尽管个别研究人员的排名可能会有较大的差异。相比于商业引文数据库，Google Scholar 倾向于在某些研究领域（如计算机科学和经济学）中发现更多的引文，因此对于这些领域的评价公平性较高。但是，使用 Google Scholar 收集和清理数据要花费更多时间，因此有人开发了诸如 Publish 或 Perish（http：//www. harzing. com/pop. htm）之类的工具帮助使用 Google Scholar 的数据。然而，尚未找到基于 Google Scholar 数据的引文网络分析法。

还有其他一些可用于收集、存储和检索公共网络上提供出版物的系统，如物理学的 arxiv. org 和经济学的 RePEC. org 等，其中一些（如 RePEC）也提供引文数据。但是它们主要用作研究下载与引用关系的数据源，尚未有研究探索它们提供的引文数据作为引文分析数据源的效果（Chu 和 Krichel，2007年；Brody 等，2006）。

与任何类型的引用数据源和工具（包括 ISI 和 Scopus）一样，Web 上的引用数据源和工具也各有益处和问题。

3.8.1 优势

Web 上的引文数据来源和工具涵盖了期刊论文以外的各种文档类型，如会议论文、技术报告、学位论文和预印本，并提供有关参考文献的更完整信息，包括标题、全作者、数据源名称和引用背景。这些可能会促成更多种类的查询和更复杂的方法，比如文档类型之间的比较分析、引用背景分析和加权被引计数等，这些方法对于 ISI 或 Scopus 数据库来说可能非常困难（Narin，1976；Small，1982）。

尽管在许多研究领域，期刊已成为主要的学术交流渠道，但在社会科学和人文科学领域，它都一直受到质疑，其中期刊以外的文献（如书籍）至少被认为是重要的。而且，随着学术交流体系的近期发展，各个领域的期刊面临着更多的挑战。信息技术的快速发展已经彻底改变了信息生成和交换的方式。因此，学术交流系统正在转变为一种新的模式，它强调预印本（preprints）、会议文件以及研究论文的在线可用性——某些领域的需求会更突出（Goodrum 等，2001）。例如在物理学或计算机科学中，Web 常常是研究人员检索文献的首选渠道（Brown，2010；Conkling 等，2010；Youngen，1997）。这意味着研究在这部分文献中展示的学术交流模式日益重要，并且使用“仅限期刊”（journal only）的数据源进行引文分析尤其是为了研究评价的引文分析，将面临更严重的问题。

引文数据库和 Web 上的工具结合起来，可以探索与传统印刷世界相比的网络环境下学术交流的新趋势（Brown，2010；Evans，2008；Goodrum 等，2001；Zhao，2003，2005a，2006a）。此外，这种方法还能提供关于研究领域和文献类型的额外数据，这些数据没有被商业引文数据库充分涵盖。将这些 Web 数据和工具与传统的商业引文数据库相结合可能会产生更深入和更少偏颇的引文分析研究。

最后，任何能上网的人都可以免费获得 Web 上的引文数据库和工具（ISI 数据库和 Scopus 都需要昂贵的订阅费才能使用它们的服务），这使得没有访问商业数据库权限的人可以进行引文分析。免费且随时可以访问的 Web 数据和工具，可以帮助解释基于 ISI 数据库的引文网络分析结果，还可以帮助解释参考文献、作者或其他 ISI 数据库参考文献不包含的研究对象信息，而这些信息在 Web 上可以轻松获取。

3.8.2 问题

Web 上的引文数据源和工具完全自动地收集和索引研究论文，使用这些工具和数据进行引文分析时会产生许多问题（Zhao，2003；Zhao 和 Strotmann，2004）。

对研究领域和出版物的非系统性覆盖

在目标研究领域（Google Scholar 覆盖所有领域，CiteSeer 覆盖广泛的计算机科学领域），Web 引文数据源和工具会对 Web 上发现的任何学术刊物（包括参考文献）进行索引。因此，这些工具的数据覆盖取决于网络上研究出版物的可用性以及收集和索引这些出版物的技术。

虽然这种技术已经非常有效并且被持续改进，但由于出版传统、研究评估实践或其他原因，研究领域之间甚至同一领域的子领域之间的学者在网上发表文献有显著不同。例如，物理学、计算机科学和经济学的学者已经在网络上发表了相当广泛的文章，而其他领域的学者则没有（Harzing，2008）；与大量 XML 研究（XML research）领域的学者在 Web 上发表文献不同，大多数 XML 技术（XML technology）领域（如医学信息学）的学者在期刊上发表文献（Zhao，2003）。此外，网上的学术出版物大多是基于研究人员的自愿存储的，而不是像引文数据库那样系统地收集材料。因此，Web 上的引用数据源和工具的覆盖范围显得不系统和不完整。

并非提供所有符合检索条件的文献

一方面，正在寻找参考文献的学者往往只对高度相关的文献感兴趣。另一方面，引文分析人员更喜欢一整套符合特定检索标准的文献。Google

Scholar 和 CiteSeer 等网站上的引文数据库通常会显示符合条件的文档总数，但仅向用户提供被引或排名前几百条的数据。这对 IR 工具来说可能已经相当充分，但对引文分析来说存在数据的不完整性。这种对检索论文数量的限制确实影响了使用这些 Web 数据和工具进行引文分析研究的规模，因此也限制了其引文分析研究的用途。获取超出这个限制的文献可以通过开发用于直接检索这些网络数据库的计算机程序来实现，而不是使用它提供的接口，但并不是所有符合检索条件的文件都可以被检索到。例如，CiteSeer 仅向使用其接口的用户提供 500 条数据，对直接检索数据库的计算机程序，也只提供1 000 条数据。

缺少以标准格式下载检索结果的选项

论文及其参考文献的接口和显示格式在 IR 系统中往往会发生变化，因此改变数据表示格式本身没有任何问题。但 Web 引文数据源和工具的问题在于，没有以标准格式下载检索结果的选项，而这正是引文分析研究人员需要的数据获取方式。

从这些数据源和工具下载的数据通常是 HTML 格式。分析这种数据格式的准确性在很大程度上取决于 HTML 文档中区分不同字段（如作者、标题和期刊名称）的标识。就 CiteSeer 而言，被引文献的唯一特征是标题以斜体显示。该特征与数据的固定序列（即首先是作者，然后是标题，随后是信息源）一起使得区分基本字段（作者、标题和期刊名称）成为可能，但是再实现进一步的功能就很难。

并非提供全部参考文献

Web 引文数据源和工具（如 CiteSeer）并不总是提供文章中全部的参考文献。这对于信息检索可能并不重要，因为没有信息检索系统可以穷尽所有的相关论文，但同前面讨论的 ISI 数据库的不完整性和偏倚性一样，会产生引文分析的有效性问题。

缺少发表日期的准确信息

Web 上发布的大部分论文缺少发表日期的明确信息。这些信息可能被放置在文档的任何位置（页眉、页脚或脚注），这使得像 Google Scholar 或 CiteSeer 这样的全自动引文索引工具很难正确捕获这些信息。因此，虽然 Web

引文数据源和工具可能有利于一般意义上的引文分析研究，有利于确定研究领域的整体结构，但仅使用这种类型的数据和工具很难开展与时间相关的研究（例如研究领域的演化或观点的推陈出新）。

解析各种参考文献格式和作者姓名时的错误

Web 是一个极其多元化的环境，有各种格式的文件使用各种引用约定（referencing conventions）。人可能很容易识别这些不同的格式，但像 CiteSeer 这样的全自动引文索引工具并不容易做出这些区分。因此，当遇到罕见或非标准的书写和引用格式时，全自动工具往往会混淆作者、标题、来源等信息，从而产生错误。例如，CiteSeer 在索引两栏格式的文章时比索引单栏格式更容易产生错误（Zhao，2003）。在自动生成的“作者姓名”数据字段中经常会出现一个单词，这通常由于参考文献开头是标题而非作者姓名。

3.9 领域界定的其他方法

一些早期的引文分析研究由学者自己构建引文数据库（Eom，2003；Zhao，1990，1992，1993）。这种领域界定方法确保了引文分析数据集的干净度，但对于大规模引文分析研究显然不实用。

当所研究领域被 ISI 和 Scopus 等现有引文数据库覆盖时，这种方法也显得没有必要。在这些情况下，更好的方法是从现有引文数据库中下载补充文件，以及未包含在这些数据库中的附加文件（additional documents），并且研究人员要确认这些附加文件对研究目的来说是必需的。附加文件可以采用与下载记录相同的格式进行索引，可以手动或通过全文引文索引计算机程序进行索引，如 Google Scholar 和 CiteSeer 对其在 Web 上标识和收集的学术出版物进行索引。

3.10 补充说明

由于引文分析依赖于所使用数据集作者的集体观点，因此小心谨慎地进行领域界定非常重要。

一般来说，通过组合多个数据源，可以改善领域界定。数据集的完整性可以通过将其他来源的额外文献补充到引文数据库的下载文件，或通过组合多个引文数据库（如 ISI、Scopus、Google Scholar 和 CiteSeer）的数据来完善，因为这些数据库的覆盖范围不会完全重叠。如 3.6 节所讨论的，通过将主题书目数据库与引文数据库相结合，可以提高所收集数据集的清洁度（以及完整性）。

4

引文网络分析中的消歧

4.1 引言

数据清理是所有数据密集型（data - intensive）研究的基本步骤，其中网络研究尤其需要特别关注。在这里，数据清理首先意味着：确保网络的节点（nodes）和链接（links）（包括它们各自的权重（weights））恰当地反映真实世界的个人及其与网络模型之间的相互关系。

在一个网络模型中，节点代表个体（individuals）。在引文网络中，这些个体可能是人、机构、论文、期刊、城市或国家等。为了让一个节点正确地代表一个个体，每个单独的个体“在现实世界中”必须映射到网络模型中的同一个节点，不能出现两个不同的个体映射到网络中的同一个节点；为了正确地反映“现实世界”的链接，它所连接的节点必须是在模型中产生关系的“正确”节点。从数学上讲，理想的网络模型会一对一地（同构地（isomorphically））映射所建模的个体和关系。

正因为如此，网络分析中的数据清理主要是消除歧义（disambiguation）：即指从引用的众多名称中识别出个体。在文献中，这种消歧也被称为“实体鉴别”（entity identification），或者在自动化时称为“实体识别”（entity recognition）。

在图书馆编目和书目数据库管理方面有一个古老而悠久的传统——维护权威控制文件（authority control files）。在这个传统中，个体被赋予唯一的名字：例如，马克·吐温（Mark Twain）总是被命名为塞缪尔·克莱门斯（Samuel Clemens）。通过将他们各自的出生年份或日期加入他们的权威名称形式（authoritative name forms）中，可以区分出具有同一姓名的不同个体。

在 RDA（Resource Description and Access，资源描述和访问）的标题下，这一传统目前正在图书馆和信息界进行重大改革，因为消歧（即“权威性”）名称形式正在被普遍注册的个人身份标识（identifiers for individuals）以及提供这种标识的国际注册机构所取代。而且，由于许多不同的组织长期以来一直为各类实体维护各自的身份识别方案，因此这些国际注册机构还会将自身维护的注册标识符数据与其他机构的标识符数据库进行映射。

国际上一直为书籍（ISBN）、期刊（ISSN）或国家（例如 2 或 3 个字母的 ISO 国家代码）维护独特的标识。最近，针对单篇文章的国际注册码已经变得非常流行（例如 DOI）。然而，对于个别作者而言，此类标识一直以来都是以国家为单位进行维护的，并且仅限于那些主要的书籍作者。现在，即将开始为开发人员和研究人员建立和维护一个真正的国际性和通用性注册机构框架——开放式研究员和贡献者身份识别码（Open Researcher and Contributor ID，ORCID）。

从长远来看，书目和引文网络研究因此能够依赖书目数据库，为出现在其记录中的个人、组织、地理单元（geographic units）、文件和连续出版物提供经过验证的标识符。然而，与此同时，这些数据库仅包含大多数此类个体的名称或类似的指示符，并非总是以权威的形式出现，从名称和上下文中识别它们仍然是引文分析中重要的数据清洗任务。

4.2 参考书目中的名称和指代

典型的书目记录包含相当多的名称：标题、作者姓名、书籍或期刊名、所属机构、街道地址、城市、国家、出版商、会议。这些名称命名了作品、人、组织机构、事件和场所。

有时也将书目记录中其他不太明显的部分进行“命名”。例如，书目记录中指定的研究子领域和特殊形式，可作为数据库中子领域的权威“名称”。

最重要的是，在引文分析的背景下，作品中引用的文档名称构成被引作品的“名称”。然而，引用参考文献的命名约定（Naming conventions）（例如引用类型，如 APA 或 ISI 数据库中的参考文献格式）在数据库和出版界都会有很大的差异。

所有这些“名称”有一个共同点：它们指定大量个体实体群中的特定个体——即单个作品、地点、人物、事件、组织、概念。因此，被指定的个体有资格代表网络模型中的一个节点。这意味着个体作为网络中节点的“适当”性的基本要求是：同一个体的每次出现都由同一节点在网络中表示。简而言之，从一组书目记录构建“适当”的网络模型，需要正确识别出现在记录中指代特定个体的名称。

4.3 名称歧义问题

传统的编目做法要求编目员确保为每个个体提供一个独特的名称；事实上，传统书目数据库通常会要求编目员从专门维护的权威控制文件中检索名称，以便挑选与其输入的名称正确匹配的特定个体、组织或其他实体——并以权威控制文件规定的形式确立该个体正确的名称。

在一个理想的世界里，从引文分析师的角度来看，每一个体都应该有一个独特的指定名称为它保留。

然而，现实远远不够完美。

大学的院系等组织频繁更名，即使是国家（例如德国、捷克斯洛伐克）也会随着时间的推移发生合并（分裂）而更名。并非所有机构的人员都随时知晓最新的实体名称变化，而且出版延迟会增加随之而来的名称混乱。姓名的变化在个人（例如结婚前后）或地址（例如圣彼得堡/彼得格勒）中并不罕见。在艺术家中，使用笔名是常见的做法。总而言之，个人在其有生之年可能会以多个不同的名字出现。

人名拼写的时候，不同的标准会造成问题。名称或标题中的特殊字符可按照各种标准翻译（或以原始形式保存）。特别是大学机构的名称可能会被翻译成出版物的语言（通常是英语），也可能会以其原始形式提供或翻译出来。作者姓名会被翻译成大量不同的音译名称或形式，他们的作品也可能以各种不同的标题出现。对于被引作品，各种各样的引文风格将所有名称问题进一步复杂化。

总而言之，我们不能指望所有我们感兴趣的个体出现在一个确定的名称下，即使在维护最好的书目数据库中也是如此；我们必须面对严重的同源异名词（allonyms）问题。

我们也不能期望在两个书目记录中的同一个名字的每一次出现都是指向

同一个人、组织或国家，因此我们还必须面对严重的同形异义词（homonym）问题。

在欧洲国家，最常见的姓氏往往覆盖该国人口的0.5～2%。然而，在东亚，最常见的姓氏可能适用于一个国家人口的10%（中国）或40%（越南）：世界上用得最多的姓氏在每100个人中就有1个人使用！在欧洲，姓氏传统上来自一小部分基督教名字，因此欧洲不同地区的许多人分享完全相同的名字是很常见的。例如约翰·史密斯、托马斯·穆勒、保罗·马丁、安德拉斯·纳吉是英语、德语、法语、匈牙利等语言文化中常见的人名。在东亚地区，也有通用的名字，尽管可供选择的名称在该地区往往更加多样化。同样，在这些文化中，人们被叫作完全相同的名字是很常见的。例如已经退役的网球明星李娜（LI Na），她的名字在中国就很常见。

在引文分析中，对个人、机构或其他单元来说，询问最多的问题之一是他们的作品在国际科学文献中被引用了多少次。对于个人来说，通常直接在数据库中检索含有他们姓名的被引文献。然而，以ISI数据库为例，引文索引中人名重复问题非常严重。对于欧洲人名来说，在特定文化中，一个相同的“姓氏+名首字母”可能被1 000个人共用。对于东亚人名而言，音译往往会混淆原来的姓名，更严重的是，将姓名缩写为单个首字母，意味着一个大国的全部1%～5%的人口可能会共用一个姓名缩写。对于许多作者来说，使用引文数据库提供的标准搜索工具进行引文分析，回答“这个人的被引是多少”这个最基本的问题几乎是不可能的。由于亚洲虎国（Asian Tiger nations）已成为非常成功的科学国家，大多数数据库已经开始对这些国家的作者全名（而不是缩写）进行索引。通过将被引参考文献与其在数据库中的完整记录相关联，使得在这些数据库中通过作者全名搜索被引参考文献日益成为可能。

对于机构来说，同名是一个不太常见的问题。但由于中国的政治历史原因，中国大陆和中国台湾地区出现同名的大学。

通常科学期刊的文章标题是独一无二的，但也有一些类型的标题重名比较频繁，例如社论。另外，书评通常与它们评论的书籍具有相同的标题。此外，一些长期的纵向研究（特别是在医学或社会科学领域）每年更新报告，其标题几乎完全相同。

4.4 歧义与幂律

在文献计量学中，几个近似幂律（approximate power laws）掌控着该领域许多最有趣的现象。齐普夫定律（Zipf's Law）和布拉德福定律（Bradford's Law）是其中的两个。这些幂律有两个重要的特征：总是有少数排名最高（highest - ranked）的个体，他们共同累积了大量的关注、资金、被引、合作者，或者测量的任何类型群体整个最底层的 10% ~50%；相反，如果你从中下层排名（middle or lower ranks）中选取足够多的个体，他们的价值总和总能达到排名最高的那些个体。在引文分析实践中，这意味着对任何一个排名高的个体的错误都可能导致重大的评估错误，同样忽略排名底层的 50%（low - ranked half）群体也是如此效果。

在引文分析中，特别是任何给定的作者或机构中，被引最多的几个出版物的被引总和与剩余的所有出版物的被引总和相当；在任何一个成熟的研究领域，少数作者的被引次数可以与该领域剩余的作者群体被引总和相当。

这意味着引文分析要确保所有高被引的作品、个人、机构被正确地区分开。只要有一个错误的归类就可能使引文分析失效，特别是在评估文本中。更糟的是，尽管这些被引程度非常高的个人在其他类型的统计分析中可能作为异类（outliers）而被抛弃，但对引文分析来说特别有意义，其非凡的表现通常是引文分布定律控制下相当典型的现象。

相反，特别是随着东亚学者在许多科学领域研究成果的爆炸式增长，不要把所有的“J. Lee”或“Y. Wang”绑定在一起，因为其背后可能代表了数百名不同的研究人员，他们的共同贡献可能与同一领域被引最多的个人相媲美：这也是幂律的一个特征。因此，仅仅针对研究对象中排名顶级的个体群进行消歧工作是不够的。如果想让引文分析研究的结果足够可信，那么这些高度模糊的名称也需要得到相当好的处理。

这就是为什么消歧在一般文献计量学特别是引文分析中非常重要的真正原因：基本现象的幂律分布（power law - like distributions）意味着即使是单一的来源（attribution）错误也会导致评估中的重大错误。这就是为什么在引文分析项目中对这一最昂贵工作进行大量投资是非常重要的（估计通常会涉及引文分析工作量的 80% ~90%——例如，K. Börner，pers. comm.，2012 年）。

4.5 歧义对网络分析结果的影响

直到最近，研究人员才开始研究网络模型中由于数据源中的名称歧义而对网络分析结果可能存在的具体影响。报告的结果总体上是相当惊人的：名称歧义不仅对个人评估分析（如被引排名）会产生严重影响，而且有越来越多的证据表明，即使是现实中大规模网络的最基本统计特征也会受到歧义的影响而严重扭曲。

例如 Diesner 和 Carley（2013）的报告中说："名称歧义（name disambiguation）准确率的微小变化会导致网络指标（network metrics）发生相对巨大的变化，而最受好评的关键实体（top - scoring key entities）集合则非常稳健。基于共现的链接形成假阴性（false negatives）的可能性很小，但误报率高得惊人。"

Fegley 和 Torvik（2013）驳斥了一份大规模社交网络分析备受推崇的研究结果——从优先链接（preferential attachment）中确定幂律分布（Barabási 和 Albert，1999），因此科学合作网络分析中，会由于基础数据集中缺乏名称消歧而产生人为结果（Barabási 等，2002）。最大的讽刺是，Fegley 和 Torvik（2013）的数据与 Barabási 观察到的合作网络幂律一致，这实际上可能是由于潜在的名称歧义也存在幂律分布导致的。正如 Barabási 自己所指出的那样，即使是从相对较小的一部分人群观察到的幂律，也会与全体的幂律观察结果一致。

同样，Strotmann 和 Zhao（2012）也发现，即使是高度稳定的作者共引分析的统计分析，在面对基础数据集中的大规模歧义错误时也会失败。

而对于评估性文献计量学来说，最严重的问题通常是个体的"分裂（splitting）"，即未能正确识别单个个体每个分裂体的贡献（尤其是高绩效的个人），Fegley 和 Torvik（2013）发现单个个体的分裂并不是关系网络分析的主要关注点。相反，他们和 Strotmann & Zhao（2012）都发现，不同个体错误的“合并”，即由于名称太相似而未能正确分离多个个体的贡献，才是导致关系网络分析中大规模网络分析结果扭曲的关键。特别是东亚地区的名称很容易出现极端的合并，就像我们在上面的例子中看到的那样。在欧洲文化中，名（given names）的数量相对较少，姓（family names）的多样性相对大。在中国、韩国和其他东亚文化中恰恰相反，小部分姓氏由其国家几乎一半人口共用，人名却更加多样化。在科学出版的传统中，一般使用“姓氏 + 名首字母”的形式列出作者，当科学的欧洲文化起源完成后，近年来所有书目数据库必须随着研究的兴起而转向亚洲虎国（Aisan Tiger nations）的全人名模式（例如 2002 年的 PubMed / MEDLINE）。

鉴于这些结果，在讨论实际方法之前，我们需要考虑，数据集的消歧工作对引文分析意味着什么。

正如 Torvik 和 Smalheiser（2009）明确指出的那样，所有的意图和目的都不可能完全正确地消除大数据集中所有的名称歧义。由于绝对完美之不可能，所以问题是如何使消歧达到“足够好”，以及对于一个典型的研究人员来说，是否有可能对数据集进行足够好的区分。

不幸的是，对于如何才是“足够好”的引文分析的研究几乎没有。尽管如此，少数研究调查了个体未被正确识别时会出现什么问题，这些研究给了我们一些提示：

首先，“足够好”通常意味着排名靠前的个体和他们最重要的贡献必须完全正确地被识别和区分。无论我们能找到什么其他方法来近似恰当地消除数据歧义，最终都需要手工仔细检查，并在必要时手工检查影响最大的个体数据。

其次，重要的是要明白，一些统计程序或网络方法更容易受名称歧义的影响。通常情况下，本地网络度量（例如节点度（node degree））比全局度量（例如连接组件（connected component）的大小）受影响更小，评估性研究（例如排名）比关系性度量（例如相关性）受影响更大（Diesner 和 Carley，2013；Strotmann 和 Zhao，2012）。

对于排名研究而言，绝对正确性是至关重要的，需要花费巨大的努力才能让所有排名靠前的个体的数据都正确。当排名个体是研究机构时，这可能是一项更艰巨的任务。

另一方面，对于相关性研究（correlative studies），Albert 等人的研究（2000）警告我们，尽管幂律分布网络的全局度量可能对均匀分布的随机误差具有相当的适应性，但它们也很容易受到我们观察到的名称歧义引起的高度偏态误差分布（highly skewed error distributions）的影响。在错误分布呈现极端倾斜的情况下，他们观察到低至10% ~20% 的错误率完全改变了基本全局网络指标的测量值，即连接性（connectivity）。我们可以认为这是一个警告，作为一个经验法则，通常需要保证大约90%（但绝对优于80%）的完整和正确的消歧工作。有很多成功的文献计量学研究表明，只要使用“本地（local）”措施（相对于网络方法）和相关统计，该级别的消歧正确率对于有意义的研究来说通常就已经相当充分了。

另外，应该指出，完成80%以上的消歧或更高的要求，指的是研究领域的引文索引覆盖范围。另一方面，只要能够“足够好地”解决数据库固有的歧义问题，就可以让生命科学研究产生出有趣的结果。然而，若任何关于社会科学或人文科学的引文分析研究依赖这些数据库而数据库对这些领域文献的覆盖率低于80%，那么其研究结果就会受到高度怀疑。

4.6 手动消歧

4.6.1 小型网络

长期以来，人们都知道名称归属的歧义是引起重大关注的原因，特别是评估性引文分析。例如，White 和 McCain（1998）明确拒绝了根据 ISI 数据库检索到的绝对被引数给出的作者排名。

对于小型网络来说，最好的消歧方法仍然是手工方法，也就是为个体创建或维护经典权威控制和链接文件。长期积极和专业地维护这些文件，可以积累成相当大的网络，例如，挪威或荷兰等国的科学家和研究机构在相当小的研究领域（Ley，2002）的研究成果。然而，将这些数据库保持在极好的精确度水平是相当苛刻的（Ley，2012），并且完美度无法得到保障。

对于大型数据集，单个研究人员通常不可能完成消歧任务。然而，数据集在消歧方面的有效规模，即充分清理它所需的工作量，取决于需要考虑的个体数目和名称变体（name variants）的数量。

有许多相当有效的方法可以削减这些数字，即对来自大量出版物的网络数据集也可以进行大致的手动消歧：选择低粒度的单元（low - granularity units），或者选择仅研究标准化书目数据（well - standardized bibliographic data）。

选择期刊作为构建“完整”科学地图（maps of science）的理想单元是有原因的。因为如果选择文档或作者作为单位，则需要研究（和清理）数以千万计的对象，而期刊对象仅以万计。后者的数量级采用人工清理是相当可行的，而前者则需要许多人协调一致进行国际性工作来维持：网络中分析单元粒度级别（granularity levels）的正确选择，可能会导致人工消歧工作可行性与不可行性之间的差异。

另外，期刊名称是由标准引文数据库维护的一个良好组成部分，这些数据库中期刊名称的不同拼写方式相当少，这使得消歧任务变得更加容易：清理过的，特别是标准化程度高的数据集可以使得消歧工作的难度进一步增加。

除期刊以外，高粒度（high - granularity）研究对象还包括国家、城市（尤其是如果您对国家研究感兴趣的话）或研究机构。

书目记录的标准化取决于数据库。例如 ISI 数据库提供期刊论文的被引参考文献、施引期刊标题和被引期刊标题。对于施引出版物，有可用 DOI（Scopus 或 ISI 数据库）或 PubMed ID（PubMed 和 Scopus）的出版物属于此类别。然而，被引参考文献的 DOI 标识符很少被提供。

对于引文分析中的许多研究问题，研究对象是被引文献中次数最高的、最多产的或排名最高的那些个体，并且在这些研究中通常只需要少量这样的分析：几十个国家、研究领域或研究机构，数以百计的研究人员、部门、城市或子领域，数以千计的出版物，将很好地涵盖相当大的国际科学领域的重大发展，特别是当研究问题遵循典型的近似幂律分布（approximate power -

law distribution）的特征时，这种分布特征在文献计量学中很常见，特别是在引文分析中。假设我们想要研究文献中被引用次数最多的 100 位作者之间的相互关系，这种情况下的消歧任务意味着我们仅需要避免遗漏发表高被引论文的个人，并避免遗漏或错误地将高被引论文分配给错误的个人。

进一步假设我们使用 ISI 数据库作为数据源，并且我们研究了一个领域，期刊论文在可公开的研究出版物中明显占主导地位，第一作者通常也是主要作者。在这种情况下，一个简单的程序可以将被引最多的作者相当可靠地手动列入列表中，如下所示：

（1）按姓氏 + 名字首字母对被引作者进行排名，并注明被引次数；然后按被引次数对这些作者进行排名。

（2）将被引出版物按 ISI 数据库的被引次数排序。

（3）获取排名靠前的出版物作者列表及其被引次数。具体方法如下：

a. 前几十份被引次数最高的出版物所属的作者很可能会成为我们需要的 100 位被引次数最多的作者之一，所以从这些作者开始着手。

b. 通过在 ISI 数据库中检索他们的高被引文献作为源文件，并且通过（搜索网站）出版物获得这些作者的全名。

c. 在步骤（2）中的数据中，手工在每篇出版物的引用参考文献中检索数据，检查引用他（她）的论文数量，并汇总对每位作者的引用总数。

d. 按这种方式获得的被引总数对作者排名。

（4）比较高被引作者的初步排名与第（1）步中的排名，并注意那些没有出现在第（1）步排名中的情况。按照等级顺序处理这些“缺失的作者”，如下所示：

a. 使用第（2）步中的数据来确定与人名相对应的被引最多的十几篇文献。

b. 为了使这个人名与一个“真正的”高被引作者相对应，这十几篇文献的被引总数应该是当前作者初步排名中最低的那个作者的两倍数字，而且几乎所有这些数字都应该属于同一个人。

c. 如果满足这两个条件，则使用与上述第（3）步中相同的方法将该作者添加到高被引作者初步列表中。

（5）重复：

a. 有一份你感兴趣的作者数量（在我们的案例中为200）两倍的清单。

b. 在上面第（1）步中产生的排名中，所有作者中没有任何一个的“被引次数”比在我们的案例中排名前100的个体作者的初步排名更高。

由于被引通常遵循粗略的幂律分布特征，因此此过程漏掉“真正”前100名成员的可能性对我们来说是微乎其微的，并且只需要对大约两倍于你感兴趣的个体数量进行消歧，这个数量对于手动消歧工作非常可行。

此方法也适用于获取机构名称、国家、期刊或其他你可能感兴趣的研究对象的排名靠前名单。

然而，并非所有类型的研究都可以减少需要考虑的人数，但即使如此，在某种程度上也可能出现大致的人工消歧的效果。有点运气的话（当然要在研究中进行适当测试），随着网络模型的手工精确化，研究中产生的网络测量结果会显示出足够的信号汇聚到一个确定的值（即一段时间后不再有多少变化的迹象）。

4.6.2 大型网络

正如前面所提到的，个体科学家的合作网络研究已经大范围地进行，但是最近发现这些研究中因缺少名称消歧而产生了意想不到的严重错误。具体而言，全局网络特征（如最大组件的密度或规模）特别容易因“结块”（lumping）错误而导致误判（Fegley 和 Torvik，2013）。

对于这种大规模的作者特征研究，相对简单的程序可以产生相对合理的估计。对于正在研究的大部分文献而言，可以获取作者的完整姓名（例如 ISI 数据库中的源文件），而不仅仅是“姓氏 + 名首字母”。在这种情况下，以下过程可以提供帮助：

（1）从一个网络开始，根据他们的“姓氏 + 名首字母”，估算作者个体，并计算这个估算网络的参数。

（2）根据文献中全名变体（full - name variants）的数量对姓氏进行排名（即通过该姓氏的不同名字的变体数量）。从具有最多变体的姓氏开始，按以下步骤操作：

a. 修改当前网络，通过使用全名而不是“姓氏+名首字母”来重新估计具有此姓氏的作者个体，保持所有其他估计不变。

b. 重新计算网络参数。

（3）重复，直到：

a. 网络度量收敛。

b. 列表中姓氏的其余变体数量足够小。

（4）最后，在必要时手动合并排名靠前的个体。

通常情况下，对于常见的姓氏需要使用作者全名而不是“姓氏+名首字母”，由于常见姓氏数量并不多，使得上述方法和程序非常可行。特别是对于探索性研究，该方法可以帮助提高估算网络的质量，足以提供全局网络测量所需的有用近似值（useful approximations）（Strotmann 和 Bubela，2010）。

在只有作者姓名首字母的情况下，Staša Milojević（2013 年）提出了一个类似的程序并进行了实证测试。需要注意的是，Fegley 和 Torvik（2013）的研究结果暗示，在非常大量的文献情况下，这两种方法有可能会失败，主要原因还是作者全名的比例问题。Strotmann 等人（2010）提出了一种针对作者引文网络分析的实用方法，尤其是对于被引文献，即使用公开可用的服务将大量的被引文献匹配到完整的书目记录中。例如借助 PubMed Batch Citation Matcher，其消歧功能已在第 3 章中详细讨论过。

Mutschke（2013）提出了一个想法，即通过分析以这种方式形成的估算的作者合著网络来进一步优化最终的网络。他建议，在作者合著网络中，如果几个节点的中介中心度（betweenness centrality）显著大于预期，那么它们极有可能是“异常的”，即是“结块”的几个不同个体。则可以这种方式进行名称区分，也可以通过手工修改全名，进一步改善估算网络模型的质量。

4.7 算法消歧

由于被研究的数据规模庞大（每年数百万篇科学论文），如果能够依靠计算机执行引文分析数据中消歧的任务显然是件好事。事实上，名称消歧、（命名）实体鉴别（entity identification）和重复检测（duplicate detection）等任务在计算机科学领域有大量研究。这些算法倾向于达到85% ~95%的完整性和正确率，这对于广泛的非评估性研究来说已经足够好。然而，即使是用最强大的软件来解决这些问题，也未必能在大型数据集上取得完美成功。例如对于排名，任何自动消歧的质量都可能不充分。

不幸的是，与网络可视化不同，自动消歧或匹配尚未在现成的软件包中实现。这就是为什么数据清理仍然是引文分析中成本最高的一个原因，也是为什么已经发表的大型引文分析研究很少依赖自动消歧的原因。

4.7.1 作者姓名消歧

作者姓名消歧可能是各消歧研究中最深入的部分。它在评估和引文网络分析中都很重要，因为确定被评估人员的全部作品至关重要。由于人员名称的高度歧义，使得依赖“姓名 = 个体”的假设而生成的网络结构完全变形，网络测量完全无用。

作者姓名消歧也可称为作品鉴别（oeuvre identification），其任务是确定出版物所应归属的个人。因此需要使用算法辨别具有相似作者姓名的出版物元数据，将其归为同一个作者，或分开归类。

在设计和构建用于消歧的算法时，有几个问题值得关注：当区分或识别论文作者时，典型书目记录的哪些信息最有指导性？哪种类型的算法效果最好？消歧必须要彻底到什么程度，即在整个研究中哪种错误和幅度是可以容忍的？

Torvik 和 Smalheiser（2009）研究了 PubMed 书目记录的不同部分的效用，以区分或辨别所描述的论文作者，并发现在生物医学文献中，共作者模式（co – authorship patterns）包含了大部分信息。

因此，在计算机和信息科学领域中出现了两种作者姓名消歧算法。

其中最常见的是使用无监督机器学习技术（unsupervised machine learning techniques）进行聚类，使用书目记录之间或多或少复杂的相似度度量（similarity measure）来完成。Smalheiser 和 Torvik（2009）对这种类型的算法在作者姓名消歧中的使用进行了综述。Torvik 的研究可能是该类型算法研究中最全面和最成功的，成功率高达90%以上。他们开发了算法立方时间复杂度

(cubic time complexity)，通过作者研究项目的互相补充，完成罕见的作者配对，即实现大海捞针的任务。

第二种名称基于网络结构的消歧算法。Strotmann 等人（2009b）和 Deville 等人（2014）都描述了这一类型算法，后者认为假如在共作者或引文网络中有至少一个共同的邻居，那么足够相似的作者姓名应属于同一个人。两份研究提供的成功率均在 80% 左右。Smalheiser 和 Torvik（2009 年）综述的机器学习聚类研究中，大多数调整较少（less highly tuned）的算法也得到了类似的成功率。

这些算法已经应用于旨在识别作者网络的大规模统计模式的研究中。作为使用降维方法（dimensionality reduction methods）进行作者共引文分析的基础，Strotmann 和 Zhao（2012）认为，尽管准确率相对较低，但是这些简单的网络分析消歧方法似乎足以为大规模网络结构生成可靠合理的结果，因为他们倾向于强调以“拆分（splitting)”错误为代价来纠正“结块”错误。

4.7.2 引用链接消歧

为了让基于网络的消歧算法能够起作用，首先必须通过分析文献的施引和被引网络生成良好的分析模型。这就需要借助参考文献决定作者的具体出版物。这包括两种类型的任务。第一种，参考文献中包含的信息可以辨识出一份文档，数据库中包含描述该文档完整记录的元数据（metadata)，通常包括文档的一个或多个独特标识符。第二种，对于那些不含“源”文档信息的参考文献，数据集中可能有任意数量的其他参考文献也会引用同一“非源”项，所有这种类型的参考文献都要被模型化（modeled）为指向引文网络中一个相同节点的链接。在计算机科学中，这两项任务都被命名为“匹配(matching)”，而不是“消歧”。

有时，参考文献可能包含诸如 DOI 或 PubMed ID 之类的标识符，在这种情况下，“匹配”通常包括查找相应的文档，并执行完整性检查，以确保参考文献的其余信息与检索到的文档信息很好地匹配。

然而在大多数情况下，参考文献仅包含被引文献的完整书目信息的一小部分。不同的数据库将包含这些信息的不同子集和形式。正如本书第 3 章所讨论的那样，ISI 数据库列出了首作者的姓 + 名的首字母、数据源（书或期刊）标题的标准缩写、出版年、卷和页码，而 Scopus 除了这些信息之外，还多提供了几个作者的姓 + 名首字母信息以及被引文献的标题。ISI 数据库中的参考文献与被引作品之间具有唯一对应性，意味着两个参考文献之间的相等性测试（equality testing）足以识别同一作品，而 Scopus 中参考文献的标准化程度低得多，需要更多的工作来匹配和区分每个参考文献。

Strotmann 等人（2010）展示了将参考文献与完整书目记录进行匹配的有用性：该方法使得研究人员访问参考文献的完整书目信息，而不是依赖参考文献中包含的零碎信息。例如，在以实验室为基础的自然科学中，必须确定出版物的主要作者群，而实验室负责人往往被列为这些领域出版物的最后一名作者。

执行这种类型的匹配过程的最简单方法是使用希望匹配的数据库的检索工具。不同的数据库有不同的优点和缺点，但无论如何，首先必须将每个引文分隔为各个信息块，然后将它们重新组合为希望匹配的数据库所支持的检索形式。Strotmann 等（2012；2013）、Strotmann 等（2009b）、Strotmann 和 Zhao（2012）均详细介绍了在一些常用数据库（包括 PubMed，Scopus 和 ISI 数据库）中的文献匹配经验。

4.8 回到未来：计算机辅助消歧

即使是最彻底的自动消歧方法也不会产生完美的结果。另一方面，科学文献数量的庞大使得完全通过手工来消歧变得很难。

未来，我们将越来越多地在科学文献中看到混合消歧方法，计算机、专家、出版业以及公众在世界各地开展合作，尽可能地共同解决科技信息领域这一“身份危机”（Qiu，2008）。

当考虑 Mendeley、Google Scholar、ResearchGate 或 Wikipedia/DBpedia 这样的网络服务时，我们已经可以看到在相对较小范围内的计算机辅助消歧工作。例如，研究人员希望在 Google 学术搜索中配置他（她）的出版物资料，在数据库中检索带有其人名的出版物结果，并要确定这些出版物确实属于他（她）的作品。研究人员还可以手动添加尚未在 Google 学术搜索中编入索引的出版物元数据记录。在 ResearchGate 中，学者还可以上传已发表甚至未发表作品的全文、数据和原始图表，以完善他们的研究概况。每当 Google 学术搜索引擎建立一份新的科学出版物索引时，当出现共同编写（co - written）的文档时，软件就会自动通知作者，并要求他（她）确认该文是否本人的出版物。Google 学术和 ResearchGate 以及其他类似的服务，都为作者提供永久地址，这些配置文件可以有效地用于创建个人标识符。

Google 学术搜索还扫描新出版物的全文，查找已为其标引的元数据出版物，并将这些出版物提供给学者。为了让研究人员能够手动帮助改善这种特定的自动消歧结果，该服务提供了两种可能性。首先，如果参考文献无法映射到数据库中的特定文档时，其本身就成为完整出版物的占位符（placeholder），由研究人员在其个人资料中声明（或不声明）。其次，为了帮助理清复杂的出版历史或简单明显的编目及引文错误，Google 学术允许研究人员手工鉴定那些看起来不同实际上相同的本人出版物。

越来越多的研究机构，正在被他们的出资者或公众要求提供机构成员的常规研究成绩。为此目的而部署的“现有研究信息系统”（Current Research Information Systems，CRIS）往往以类似的方式规范内容，在这些机构中受雇研究人员对数据库的自动搜索进行反检查。但是为了尽量减少对研究人员宝贵时间的消耗，机构通常会为他们提供专业的编目和索引服务，同时确保对后续报告的信息进行独立审查（independent verification）（和质量控制）。

对著名研究人员而言，维基百科增加了另一个转折点，在这里公众可以手动输入或验证这些个体最重要作品的细节。

总结：我们正在看到大量公共数据库的发展，这些公共数据库通过算法提取以及文本中作者、机构、文献、参考文献的消歧来实现数据初始化，然后由作者、信息专家或普通大众进行手动的质量控制工作。信息专家可能来自出版商、图书馆或数据库供应商。其中一些数据库将包含与其他数据库相同条目的交叉链接，正如 Scopus 或 ISI 的记录可能包含其 PubMed ID 一样，大多数书目数据库将包含 DOI 等索引信息。

由于在服务启动阶段使用的初始无监督机器学习算法通过专业的质量控制演变为有监督的机器学习，手动质量控制的结果反馈到开发更高质量的消歧算法中。

当这些发展汇集形成一个协作的开放的权威文件系统，科学技术出版物人员和机构都参与其中，那么可以期望，通过产生越来越改进的数据源而提供越来越可靠的结果。

5

引文网络的可视化

5.1 为什么要将引文网络可视化?

常言道，一张图片胜过千言万语。对于引文分析（citation analysis）我们可以这样理解：一张图片包含的信息能比几千个数字多。也就是说，引用对象和/或被引用对象之间关系的可视化图比相关性表格能够显示出更多的信息。

Katy Börner 于 2010 年出版的书籍《科学地图》（Atlas of Science）中，有很多引文网络可视化图，其中许多图片作为她策划的区域与空间科学展览（Places and Spaces science exhibit）的一部分，自 2005 年以来一直在世界各地展出，并被发布在网站 scimaps. org 上。如图 5.1 所示的“世界科学地图”，在

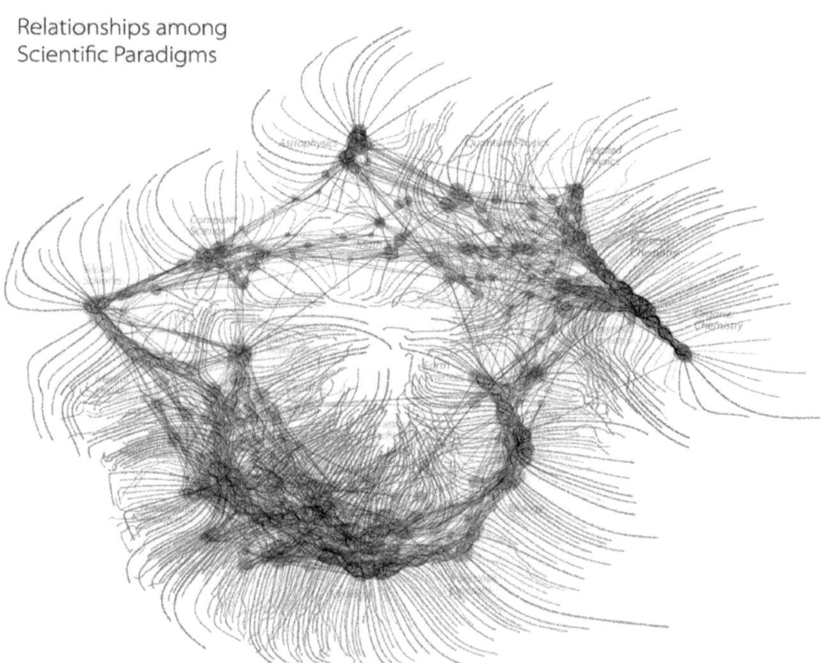

图 5.1　共被引分析得到的世界科学地图[1]

[1] Boyack 等，2007，最新版本请见 http：//wbpaley. com/brad/mapOfScience/

2006 年《自然》杂志新闻中被评为“年度最佳”（Marris，2006）。图 5.1 是对一年内 ISI 数据库索引中科学期刊发表文章的共被引分析（co－citation analysis）的可视化，文章共约 80 万篇。试想，800 000×800 000 的共被引分析表格所带来的信息负荷该有多么巨大。

当然，并不是说这张科学地图完全可视化了上述巨大的共被引关系表。引文分析涉及的文章、杂志、作者信息量巨大，通常一般人很难全面把握细节，因此要使用统计聚类或降维方法来削减可视化对象的数量，通常要削减到几百或几千。在这张科学地图中，前述约 80 万篇文章被聚类成大约 800 个“科学范式”（paradigms of science），每个“科学范式”平均包含约 1 000 个文献。通常来讲，论文的共被引数量是文章聚类过程中相似性判定的标准，而相似性矩阵可用于度量这 800 个集群之间的相关性。这是一个关于“科学范式”的 800×800 矩阵，它们之间的相关性在科学地图中得以可视化，并且同时展示出 800 种范式中包含的信息，例如范式所包含的发表文章的数量（大小），属于哪个科学领域（颜色），以及该领域论文标题和摘要中的重要常用术语。后三者表征了与简单图表相同类型的信息，而表示不同“范式”的两个节点之间“连接”的灰度值表示它们之间的相关强度，相关强度来自前文提到的 800 x 800 矩阵中的数据。并非矩阵中的所有条目都被当作连接显示出来，实际上图中仅显示强度超过特定阈值的连接。这是共被引可视化的常见技术，因为共被引矩阵往往非常密集，如果所有非零连接都绘制出来，整个图像将被连接全部覆盖。

科学地图内容上的空间布局也为观察者提供了更多的可视化信息，它们大大超出从表格中能轻易识别出的信息。此科学地图的创建者使用嵌入弹簧布局算法（spring－embedded layout algorithm）将表示相似“范式”的节点彼此靠近地放置在地图上，而将表示不同范式的节点近乎独立地放置，并且所有节点都相对均匀地分布在画布上。

由此产生的可视化网络讲述了一个有趣的故事：“范式”试着将可识别的科学子领域聚合情况展示出来（例如，物理学的子领域在地图上的一个区域，社会科学的 119 个子领域则在另一个区域）。地图右边反映的是自然科学（hard science）学科之间的经典关系：数学、物理、化学和生物学之间相互依存，是环型相继而非线性关系。此科学地图把医学科学放在这个环型关系的旁边（因此，推测是层级关系），接着是神经科学和社会科学。然而，显然计算机科学不再适合于这种传统的科学层级关系，而是看上去紧邻这个环形，与数学和物理学有很强的相关性，另一方面又与社会科学和神经科学有很强的相关性，即计算机科学与传统科学层级的顶层与底层都有联系。

对于这张科学地图上的空白，我们可以将其理解为潜在的学科分类，这些分类将为大学开设非传统专业提供思路，然而主流学科仍旧是：（a）物理和化学；（b）生命科学、认知科学和医学；（c）社会科学；（d）数学和计算机科学。此外，这种可视化提出了这样一个问题，即此可视化图能多大程度地反映科学的层次结构，抑或反映各自独立的研究领域，Fanelli 和 Glänzel（2013）倾向于前者。

总结一下我们已经讨论过的内容：

• 引文分析可视化通常结合了我们所谓的引用评价分析和共被引关系分析。节点大小往往反映评价结果，节点越大表示引用越多。另一方面，两个节点之间的关系通过连接显示，连接越强表示所连接的两个节点的相关性越高。

• 引用网络可视化图中的节点和连接的布局可以使用多种算法自动生成。如果算法使用得当，生成的图形能提供可诠释的引用关系。

• 网络可视化是对引用关系网络进行概要描述，而不是直接显示出全部的引用关系。通常使用的两种概要显示方法是：（a）选择一部分节点和连接并绘制它们的关系图；（b）对节点进行聚类，并将集群之间的关系可视化。这两种方法也可以组合使用，我们将在后面看到。

• 一幅清晰好理解的图片可以帮助讲述故事。为了使可视化后的关系图易于理解，对节点和连接的数量和密度要进行严格限制。对于这一点来讲，创建引用关系图更像一门艺术而不是一门科学。

• 如果一个词语也不用，引用网络可视化也不可能讲述一个完整的故事。就像国家地图一样，为了能让观者确定自己的方位，有必要在图上标出重要特征。特别是在抽象网络中，大量特征名称通常是由创建者加入的，而不是自动生成的。

基于上述条件，引用网络可视化对于阐述引文分析结果是非常有用的。更重要的是，它们可以帮助人们发现引用关系中的规律。

虽然我们不知道 Fanelli 和 Glänzel 的提问是否受到此科学地图的启发，不过我们仍可将其作为一个有趣的示例，以此来探讨如何把可视化当作研究探索的工具，并生成一些待检验的假设。

5.2 注意事项

虽然引用网络可视化可以帮助人们识别大数据中的规律，但在解释这些规律时需要谨慎，这与 Fanelli 和 Glänzel（2013）的观点一致：需要额外的研究来验证所观察到的规律，而非只是通过想象即做假定或是以偏概全地想当然。

5.2.1 数据原因导致的问题

例如，图 5.1 世界科学地图中所显示的研究领域的相对大小是受数据库影响的。尤其是图 5.1 左上角的社会科学群集比较小，这并不能反映真实情况。众所周知，ISI 数据库中包含的社会科学类文章很少，大概只覆盖了所有文献的 10% ~ 50%（相比之下，生命科学类的覆盖率则为 90% ~98%）（见 Chi，2012，2013）。因此，在图 5.1 中社会科学类文章数量和引用数量都被严重低估了，这使得社会科学节点的数量、大小以及连接的数量和强度都变弱了。同时，社会科学对其他科学的贡献也会被低估。

图 5.2 则相反。它也是一张世界科学地图，同时也是区域与空间科学展览（scimaps. org）的一部分，但是这次使用了 click – stream 模型（click – stream model）来计算集群的大小和它们之间的相关性。在此图中，社会科学处于中心位置，且被展示成一个巨大而复杂的集群（Bollen 等，2009），而非像图 5.1 所显示的仅是一个边缘科学。其实，社会科学的“真实”位置很可能是介于两者之间。

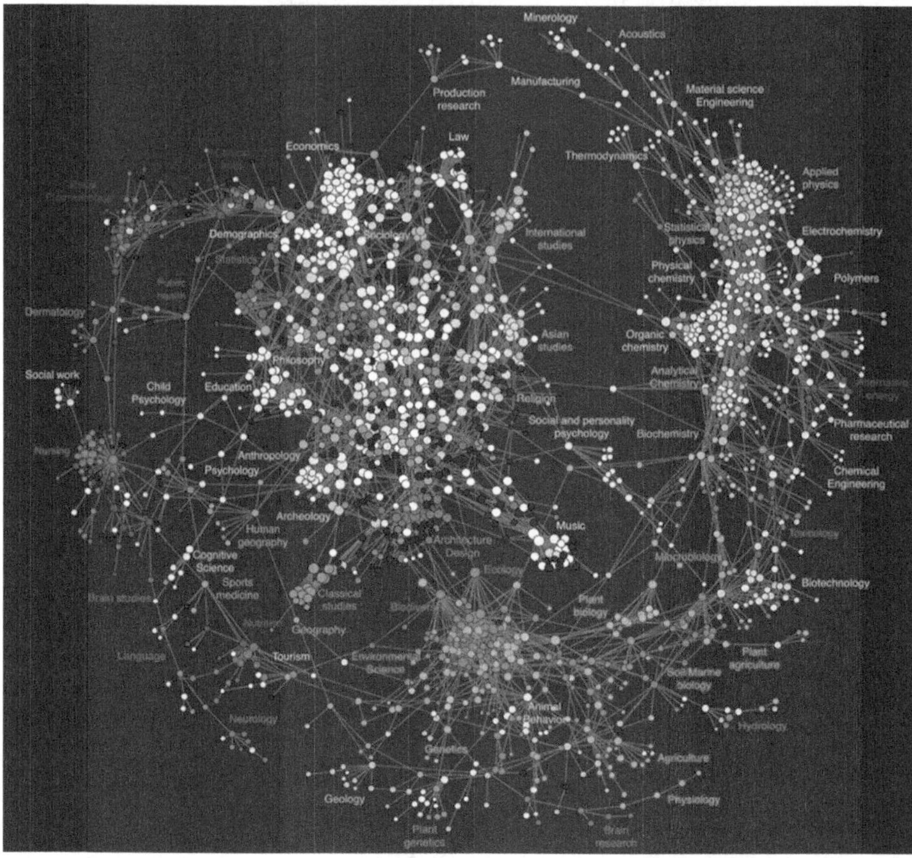

图 5.2 click – stream 分析得到的世界科学地图（Bollen 等，2009）

5.2.2 可视化导致的问题

第二个注意事项源于可视化技术本身的局限性。图 5.1 并未展现出一个清晰的数学集群，而在图 5.2 中，数学集群则彻底消失。这肯定是有问题的，这与数学身为科学体系的重要基础不符。对于图 5.2，我们推测可能是数学学科的论文数量相对较少，没有超过可视化图创建者设置的显示阈值，所以数学集群没有被显示出来——这是可视化过程中常出现的一种问题。

不过，在图 5.1 中，我们能够在图片顶部中央零星地看出数学学科范式。聚类相较于过滤的优势在于，一些相对较小的集群仍能在图片中显现出来。

尽管如此，图 5.1 中数学领域的集群在很大程度上也因可视化操作而变得不那么清晰：数学类文章以极端小心的引证和引证数量极少而闻名，即使该领域内最资深的研究人员和优秀成果也鲜被引用。然而数学领域中得出的结论往往对其他研究领域有帮助，比如物理学、生物学、社会科学或计算机科学，这些应用领域对数学类文章的引用数量肯定会远远多于其在数学领域内被引用的数量。在图 5.1 这个可视化例子中，数学领域被显示为一个自身并不明显的集群，但是它的作用在其应用领域中得到了体现。

在大多数自动可视化技术中，一些小集群往往看上去支离破碎，这也是一种显示问题。因此当我们去阐释一个文献可视化图时，要顾及这一点。这也严重影响到使用 2D 可视化为主的聚类方法的可信性（Boyack 和 Klavans，2010；Klavans 和 Boyack，2011；Boyack 等，2013），因为一些重要的集群有可能没能正确显示出来。

此种类型的可视化问题也可能出现在非常大且紧凑的聚类中，一部分原因是因为有些现象需要在多维度下正常体现，而在二维中则显示不清，比如在排布节点位置和它们之间的连接时，每个连接的长度直接对应它所连接的两个节点之间的关系的强度。因此，除了二维可视化显示之外，最好也试试三维可视化，以便再次确认在二维中发现的规律是否仍能在三维中出现。

5.2.3 信息的丰富性与频次权重的抉择

图 5.2 中缺少的数学集群还说明了这种可视化方式的另一个核心问题，即如何选择应该被包含在可视化网络中的部分。很显然，图 5.1 的可视化比图 5.2 更好地回答了这个问题，因为数学领域被正常地呈现出来了。

此处涉及一个基本问题：节点大小、连接的频次、权重往往与其在局部（例如在同质性的集群内部）呈现信息的重要性或相关性有关。不过谁会真的认为数学研究比生命科学研究不重要呢？仅仅因为数学领域在数据库中的研究人员、发表文章和引文数量相比之下比较少吗？在不同的学科领域，甚至在同一领域的不同子领域，领域发表习惯和引用文化不同，引用数据库所涵盖的信息也会不同。

令人惊讶的是，这种现象竟非常普遍。例如，如果节点的大小表示重要度，那么计算机科学将在信息科学领域占据完全的统治地位（Boyack 和 Klavans，2011a）；在干细胞研究中，研究干细胞相关伦理的团体在此领域中极其重要，并且受到高度重视，但若从生物医学研究集群的规模来看，或者从伦理学研究集群的标准来看，干细胞伦理集群显示出来的节点却是很小的。

信息理论告诉我们，如果某样东西能为整体图景增添新的内容，那么它就具有信息性。最相关、最有趣的事情即是那些让我们惊讶，同时又和我们（原以为）知道的东西能连接在一起的事情。

主要有两种可视化技术能帮助人们解决此问题。上面我们提到过一种：对所有集群不做任何省略地都进行可视化，甚至小条目也可以提取出来，把它当作一个独立的集群，使其能对整个视图有所贡献。第二种技术是对第一种方法的改进，使用像因子分析或潜在狄雷克分配（latent Dirichlet allocation）这样的统计方法，分析每个条目对多个主题的贡献度，而不是将数据条目聚类。聚类是将每个条目恰好分配到一个集群里，而使用第二种方法则可以通过信息性的大小而不是简单计数来获得连接权重。

5.3 文献管理与信息科学领域共被引网络可视化的三十年历程

近几十年来，可视化一直是已发表的引用网络分析研究的一部分，尽管其规模比图 5.1 和 5.2 小得多。

特别是在作者共被引分析（author co - citation analysis，ACA）研究中，如来自怀特和格里菲斯（White 和 Griffith，1981）最初介绍 ACA 文章的图 5.3 所示，LIS 领域地图（LIS field maps）被引入。除了 Rosengren（1968）的文章使用节点—连接将作者共被引关系网络可视化之外，其他文章更倾向于使用多维度地图（MDS maps）的表示方法。

自从怀特和麦凯恩于 1998 年发表题为“将学科可视化”的具有开创性的论文以来，文献管理和信息科学领域经常被用作测试可视化技术的实例，以探究不同种类可视化技术或可视化系统所创建结果的信息性，而不仅仅是为

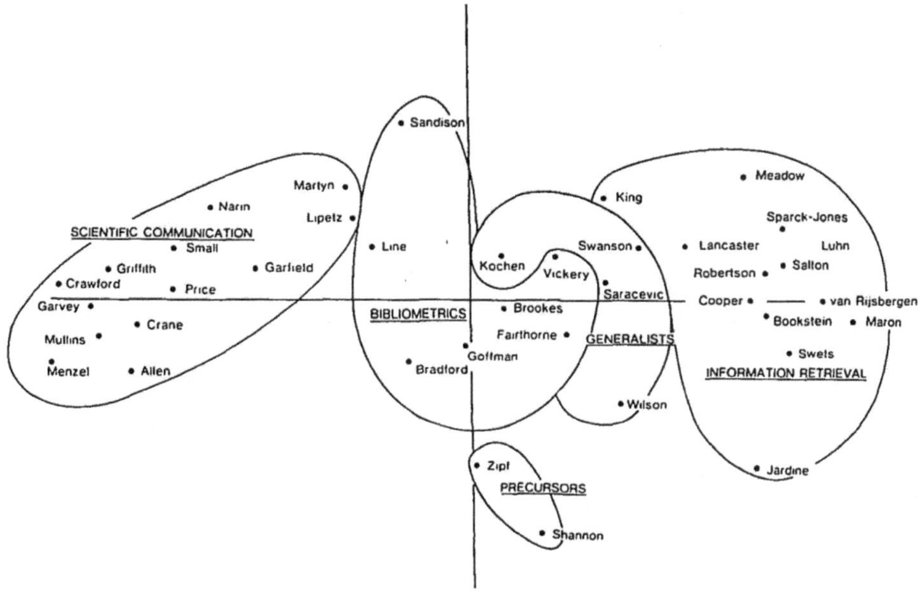

图 5.3 LIS 领域 1972—1979 年作者共被引分析的多维度地图（White 和 Griffith，1981，p.165）

了研究引文分析技术。

与怀特和格里菲斯（1981）一样，怀特和麦凯恩（1998）主要使用 SPSS 中的多维定标（MDS）作为一种可视化技术，这种技术基于统计分析将个体（即作者个人）放置于二维地图中，但是省略所有的连接（图 5.4 来自他们的论文）。他们创建的视图“看起来很像澳大利亚”，海岸人口稠密而中心空旷——后来的研究人员将这种现象认定为 MDS 的显示错误（例如，van Eck 等，2010）。

怀特和麦凯恩（White 和 McCain，1998）指出，“通过因子分析可以更好地获得特征”。他们对信息科学知识框架的解读与其说是基于 MDS 可视化，不如说是利用了 SPSS 作者共被引矩阵的因子分析结果。除了其他有趣的特征之外，他们注意到因子矩阵结果表明信息科学可被分成“文献”（literatures）和“检索”（retrieval）两个子领域。

在万维网崛起的第一个十年，赵和斯特罗特曼（Zhao 和 Strotmann，2008a）继续分析信息科学领域的知识结构及其可视化。虽然他们想使用怀特和麦凯恩（White 和 McCain，1998）提及的许多方法，但他们并没有使用 MDS 来可视化他们的结果，而是引入了一种简单的方法直接将因子矩阵可视化，怀特和麦凯恩（1998）也发现因子矩阵信息量大。的确，Zhao 和

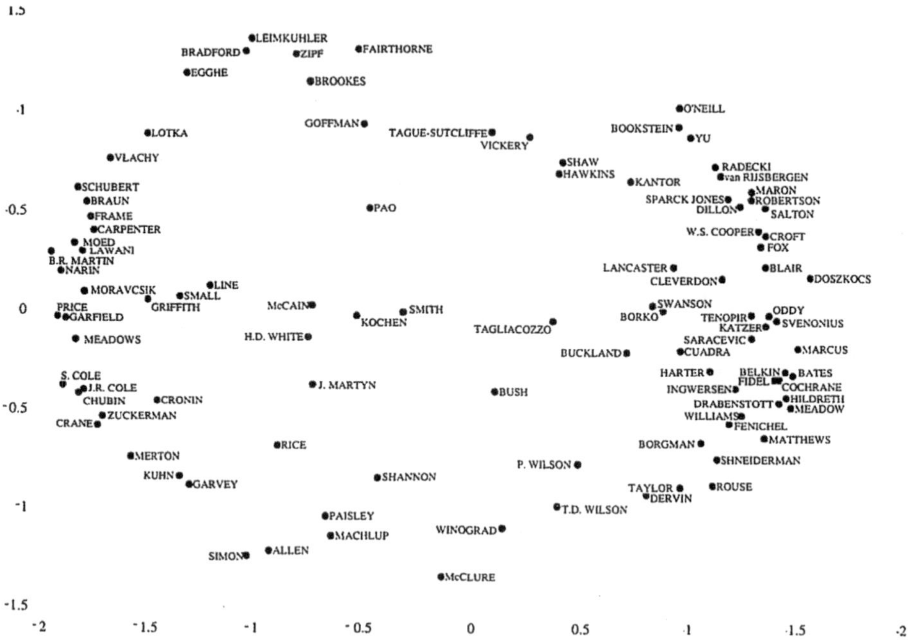

图 5.4　LIS 领域 1988—1995 年作者共被引分析的多维度地图

（White 和 McCain，1998，p. 347）

Strotmann（2008a）创建的视图清晰地显示了信息科学的两个基本结构维度（见图 5.5），他们的可视化技术也第一次成功地“讲述”了这个故事。

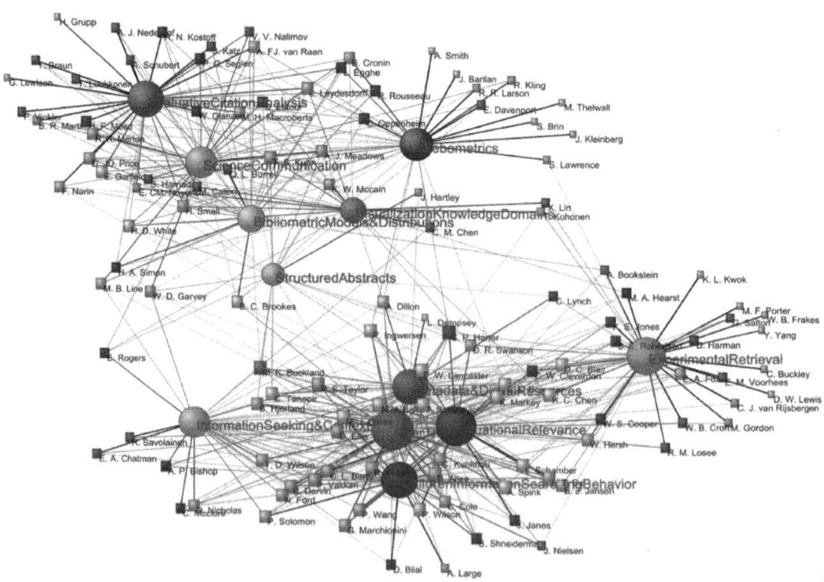

图 5.5　LIS 领域 1996—2005 年因子分析的可视化（Zhao 和 Strotmann，2008a）

他们的成功使得后来的研究人员应用同样的数据集测试各自的可视化方法和系统，也想实现把信息科学领域一分为二的目标。

Van Eck 等（2010）测试了 MDS 的优化算法 VOS，并用 VOSviewer 实现了这个算法（见图 5.6）。他们的论文指出，类似于 Zhao 和 Strotmann 的方法，VOS 算法能比 MDS 更清楚地将信息科学领域的两个主要阵营分开——基于特定数据集得到此结果已经成为引用网络可视化技术成功与否的参照标准。

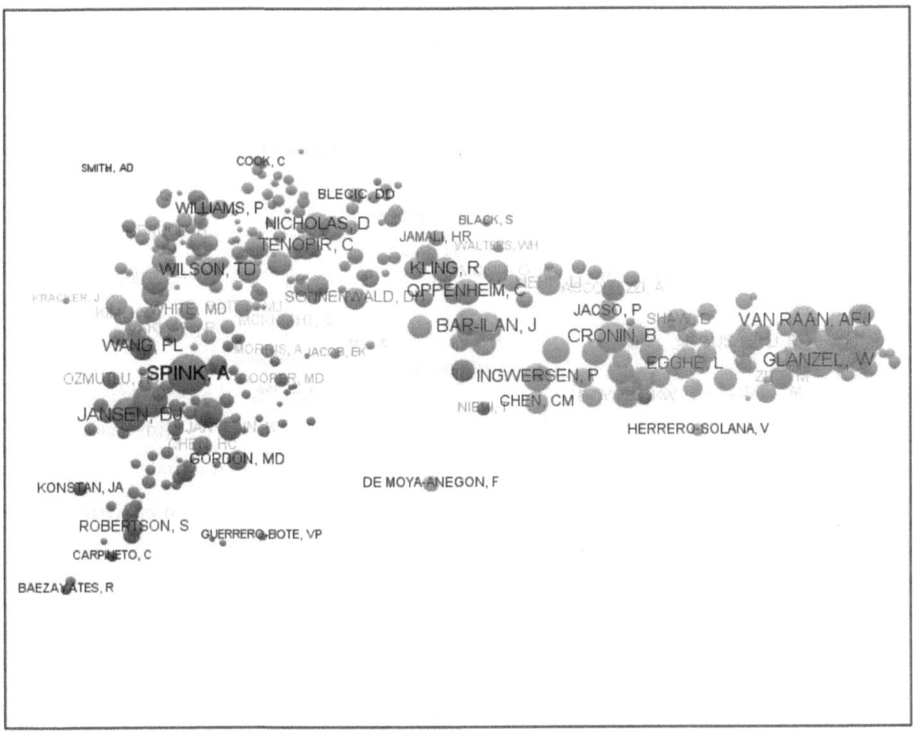

图 5.6　LIS 领域的 VOS 可视化（van Eck 等，2010）

陈（Chen）等（2010）将引用网络可视化系统 CiteSpace 的最新版本用于对这个数据集（图 5.7 源自他们的论文）的可视化。他们关注 CiteSpace 是否能够识别出与赵和斯特罗特曼（2008a）用因子分析找到的非常相似的集群，然后测试了对于集群自动添加标签的三种技术。这个可视化结果也可以解读为 LIS 的两阵营结构（左侧为检索，右侧为文献），尽管跨越两个阵营之间的连接（比如在集群#3 和集群#10 之间）很强，甚至强过两大阵营内部的连接（如文献阵营集群#2 和集群#3 之间的连接，检索阵营集群#7 和集群#10 之间的连接）。

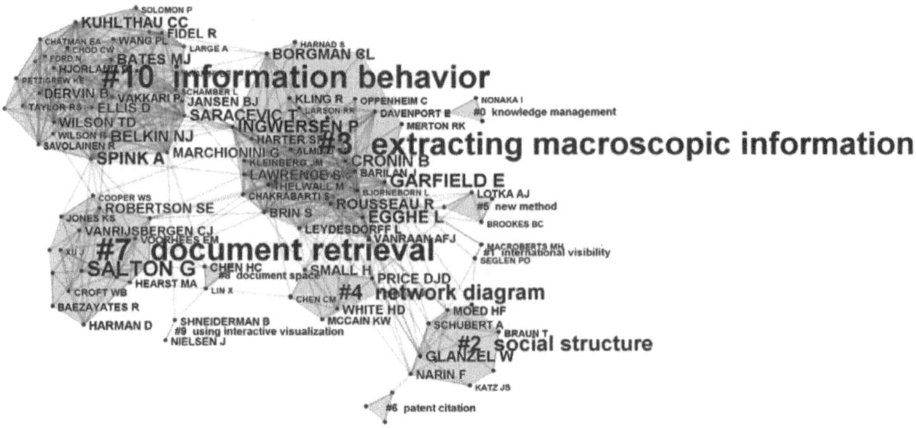

图 5.7　LIS 领域的 CiteSpace 作者共被引分析可视化（Chen 等，2010）

Boyack 和 Klavans（2011a）站在“全局视角”上，也从 LIS 领域的可视化中得出了相同的结论（见图 5.8）。他们使用可视化工具 DrL（之后改名为 vxOrd，然后又改名为 openOrd）对 ISI 数据库中紧密联系的文章按不同年份进行分层分析。图 5.1 的科学世界地图也是通过这个工具生成的。

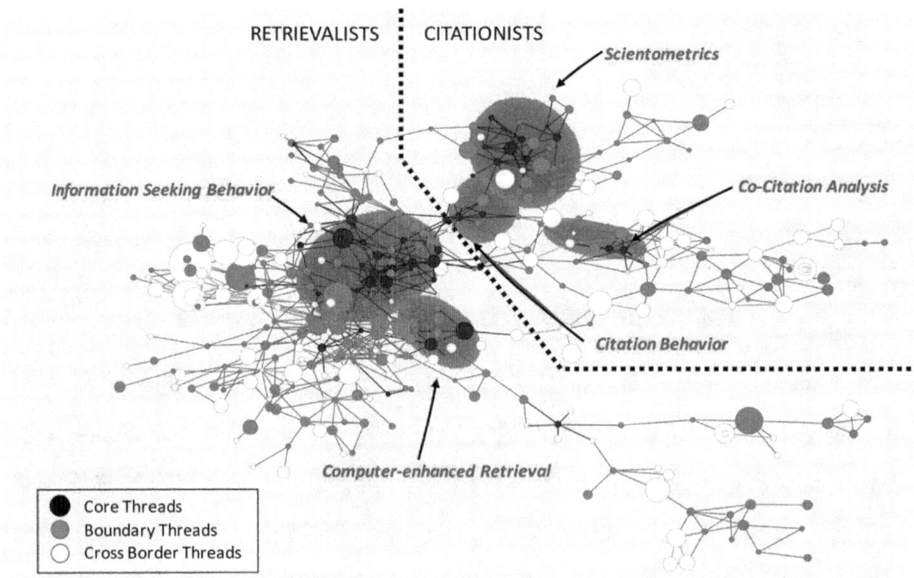

图 5.8　LIS 领域的分层分析可视化（Boyack 和 Klavans，2011a）

同时，赵和斯特罗特曼（2014a）进一步改进了可视化技术，通过对共被引矩阵使用斜交旋转方法（oblique rotation），从而得到两个因子矩阵（即结构矩阵与组型矩阵），进一步提高了可视化的信息性。他们使用结构矩阵（structure matrix）来自动生成稳定且信息量大的节点布局，并且他们强调对组型矩阵（pattern matrix）连接结构信息的凸显，以避免信息过载（见图5.9）。他们对 LIS 近期发表的文章进行可视化的结果表明，在信息科学领域的两个主要阵营之间开始出现一些桥接。

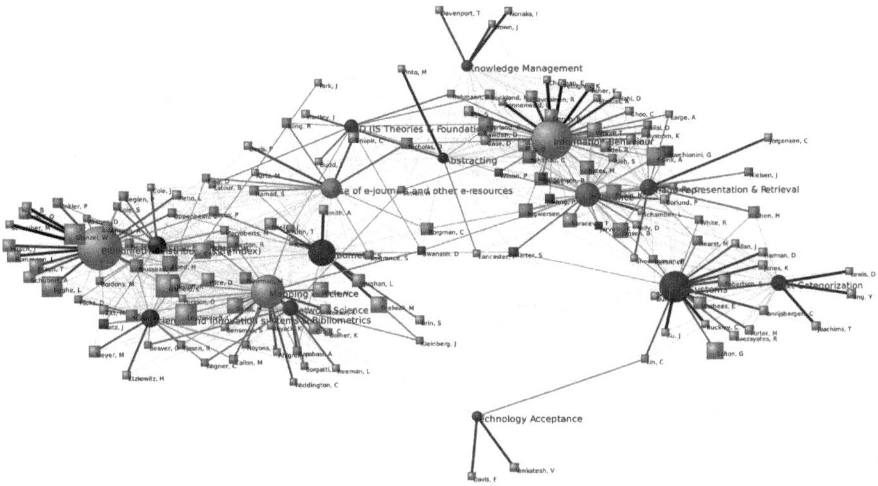

图 5.9　LIS 领域 2006—2010 年因子分析的可视化（Zhao 和 Strotmann，2014a）

5.4　利用 Pajek 实现引用网络可视化

本节详细描述了赵（Zhao）和 Strotmann 如何在文章（2008a；2008b；2008c；2011a；2011b；2012；2014a）中使用社交网络可视化系统 Pajek（Batagelj 和 Mrvar，2007）生成可视化视图。他们使用 Pajek 来可视化因子结构，此结构来源于作者共被引矩阵或文献被引频次的因子分析结果。不过，他们使用的可视化技术也适用于其他类型的文献计量网络，下面将通过一个示例来说明。

请注意，除了有效使用通用统计分析和网络可视化工具之外，近年来还出现了专门为引用网络可视化开发的软件包，比如 CiteSpace 和 VOSviewer。这些软件包可直接从常用引文数据库（如 Web of Science、Scopus）下载数据并生成可视化视图。这意味着，一方面，使用这些软件包时研究人员不需要像后文提到的使用常规工具那样经历很多步骤。但另一方面，他们也往往失去了对可视化过程的精确控制，例如必要时对命名的调整以及对引用网络可视化的一些清理工作。举个例子，VOSviewer 在其可视化过程中将同名项（allonyms）视为不同个体，并且不支持对要可视化的引文网络（如作者共被引矩阵）进行手动检查，使得同名项在可视化之前无法合并。因此，研究人员使用这些软件包进行可视化时可能会得到难以解释的结果。

本节中所有示例和可视化视图都基于同一个引用网络生成，因此能很容易地看出不同方法生成可视化视图之间的差异。此引用网络来自 Zhao 和 Strotmann（2014a）文中使用的 150 位高被引的信息科学家的共被引矩阵。数据来自覆盖信息科学研究领域的 11 种核心期刊文章（见第 2 章表 2.4），时间跨度为 2006—2010 年。这 150 位高被引作者都是按照第一作者计数原则统计的共被引次数。

5.4.1 文献计量数据的因子分析

正如第二章所讨论的，因子分析（Factor Analysis，FA）的目标是要找到少量的具有代表性的潜在因子来解释大量变量间的关系，而且，因子分析从一开始就被用于作者共被引分析（ACA），以揭示一些研究领域的特殊结构和文章作者的研究方向归属（White 和 Griffith，1981）。在作者共被引分析中，应用因子分析可以得到对学科来说清晰而有意义的结果（White 和 McCain，1998）。

除了像其他多元分析技术（如聚类分析）可以识别研究领域的专业方向外，因子分析还可将单个作者分配到多个专业方向，以展示出作者与其所属的各个专业方向之间的相关程度。而且，因子分析还可以提供一个度量，来表征专业方向间的相关程度（White 和 Griffith，1982，p. 260）。

在这个意义上，FA（因子分析）中的因子即是横跨（大部分）观测差异的不同维度，而被分析的对象（例如，作者）被置于由因子组成的多维空间中。FA 仅限于处理较小的数据集，但是最近在降维算法方面得到发展的潜在 Dirichlet 分配（LDA）方法已显示出取代 FA 方法的巨大潜力。利用 LDA 方法可以处理大的数据集，且结果也比较合理。Bleier 和 Strotmann（2013）已经开始用 LDA 方法代替 FA 方法来测试我们这里所提及的数据可视化了。

在 FA 中，为获得有意义的因子结构，旋转（Rotation）通常是必要的。FA 有两种旋转方法：正交旋转法（orthogonal）和斜交旋转法（oblique）。理论上，正交旋转假定各因子不相关，它能有效地揭示潜在结构中的独立维度。相比之下，斜交旋转所提取的因子之间并不一定彼此独立。因此，如果在理论上认为所得到的因子在现实中相关时，使用斜交旋转效果更好（Hair 等，1998）。

针对 ACA 分析，所提取因子可解读为一个研究领域内的不同专业方向，因存在学科交叉研究或跨学科研究，故可以预计不同因子之间会有很高的相关性。在不同研究领域中也确实发现了因子之间的高度相关性，例如一项研究报告发现，两个因子的相关性可达 0.39 ~ 0.65（McCain，1990b；White 和 Griffith，1982；Zhao，2006a）。因此，虽然正交旋转方法在实际的 ACA 研究中也能得到有意义的结果，但理论上斜交旋转似乎更适用于 ACA 分析（White 和 McCain，1998；Zhao 和 Strotmann，2008a）。除此之外，斜交旋转还能生成更多有意义的信息：它会产生两个矩阵，一个是表示因子间相关程度的分量相关性矩阵（component correlation matrix），另一个是显示因子结构的矩阵，即组型矩阵和结构矩阵（McCain，1990b；White 和 Griffith，1982；Zhao 和 Strotmann，2008a）。组型矩阵中的数值表示单个作者（变量）对专业方向（因子）的贡献度，而结构矩阵中的数值则表示“变量和因子之间的相关性”，后者由作者对每个因子的单独贡献度，以及不同因子之间的相关性来确定（Hair 等，1998，p. 113）。为了使作者和因子之间的关系更为清晰明了，在这些结果矩阵中通常仅列出大于阈值的数值（例如，在下面的示例中阈值为 0.3）。

这两个矩阵都能通过下面描述的方法来可视化。通过斜交旋转，组型矩阵和结构矩阵的组合使得可视化视图展现的信息更全面。我们先以结构矩阵为例来描述因子矩阵的可视化。之后，我们将讨论如何将组型矩阵和结构矩阵组合成一张视图。

5.4.2 将 SPSS 因子分析的结果转换为 Pajek 格式

因子矩阵需要转换为 Pajek 可读的网络文件格式（即 . net 文件格式），以便 Pajek 程序对因子矩阵进行可视化。我们这里会介绍一个通过简单的计算机程序实现转换的步骤及其算法。当然，也可以手动（例如，对于小型矩阵）将 SPSS 输出结果转换为最终的 Pajek. net 文件。

将 SPSS 输出文件中的因子矩阵转换为电子表格文件

通过右键单击 SPSS 输出文件中的矩阵并选择导出生成的表格即可实现。图 5. 10 显示了从 SPSS 导出的结构矩阵的式样。这是对 5. 4 节一开始提到的 150 位作者的共被引矩阵进行因子分析得到的。特别要注意的是，这些因子在 SPSS 输出中只有编号（没有有意义的标签），并且作者名字里没有空格。

Structure Matrix

	Component															
	1	2	3	4	5	6	7	8	9	10	11	12	13	14	15	16
ColeJ	.870			-.513	-.338			.467	-.380			.339				-.371
ColeS	.859			-.665				.417	-.440			.318				-.406
AksnesD	.855			-.739	-.305				-.471							-.467
SeglenP	.849			-.743	-.365			.360	-.459							-.386
VanraanA	.823			-.762	-.328			.320	-.490			.308				-.539
MacrobertsM	.807			-.555	-.472			.521	-.662			.321				-.319
NederhofA	.781			-.648	-.455			.322	-.451							-.603
MertonR	.767			-.535	-.416	.300		.497	-.593			.433				-.438
BordonsM	.749			-.724	-.363				-.442			.498				-.595
FisherK		.953					-.388						.349	.305	-.386	
PettigrewK		.937					-.322						.316		-.380	
SavolainenR		.934					-.427						.346	.334	-.392	
ChatmanE		.931					-.305								-.369	
SonnenwaldD		.930					-.371	.319					.338	.302	-.357	
CaseD		.930					-.472	.327					.463	.353	-.425	
NahlD		.927					-.454						.364	.405	-.364	
ShneidermanB							-.538				-.344			.786		
ChenH			.606				-.446				-.623			.749		
JorgensenC														.725		
JansenB		.552	.377				-.660				-.375		.307	.703		
NielsenJ							-.598				-.313			.702		
BrownJ		.383													-.846	
NonakaI															-.780	
DavenportT															-.753	
TijssenR	.501			-.392					-.645			.518				-.832
MeyerM	.375			-.372					-.459			.419				-.806
HicksD	.687			-.564	-.342				-.483			.380				-.798
EtzkowitzH	.311								-.374			.456				-.798
NarinF	.606			-.496					-.653			.462				-.781
ZittM	.585			-.610					-.590			.486				-.778
KatzJ	.627			-.502					-.432			.586				-.737

Extraction Method: Principal Component Analysis.
Rotation Method: Oblimin with Kaiser Normalization.

图 5. 10 结构矩阵从 SPSS 输出为电子表格格式

将电子表格文件转换为 CSV 文件

双击电子表格文件打开它。从中删除所有无效信息（如图 5. 10 中的前三行和最后一行），然后将其保存为 CSV 文件（最好是以制表符分隔的格式）。图 5. 11 显示了 CSV 文件（以制表符为分隔符）与图 5. 10 所示格式相应的部分。

	A	B	C	D	E	F	G	H	I	J	K	L	M	N	O	P	Q
1	ColeJ	0.87			-0.513	-0.338			0.467	-0.38			0.339				-0.371
2	ColeS	0.859			-0.665				0.417	-0.44			0.318				-0.406
3	AksnesD	0.855			-0.739	-0.305				-0.471							-0.467
4	SeglenP	0.849			-0.743	-0.365			0.36	-0.459							-0.386
5	VanraanA	0.823			-0.762	-0.328			0.32	-0.49			0.308				-0.539
6	MacrobertsM	0.807			-0.555	-0.472			0.521	-0.662			0.321				-0.319
7	NederhofA	0.781			-0.648	-0.455			0.322	-0.451							-0.603
8	MertonR	0.767			-0.535	-0.416	0.3		0.497	-0.593			0.433				-0.438
9	BordonsM	0.749			-0.724	-0.363				-0.442			0.498				-0.595
10	FisherK		0.953					-0.388						0.349	0.305	-0.386	
11	PettigrewK		0.937					-0.322						0.316		-0.38	
12	SavolainenR		0.934					-0.427						0.346	0.334	-0.392	
13	ChatmanE		0.931					-0.305								-0.369	
14	SonnenwaldD		0.93					-0.371	0.319					0.338	0.302	-0.357	
15	CaseD		0.93					-0.472	0.327					0.463	0.353	-0.425	
16	NahlD		0.927					-0.454						0.364	0.405	-0.364	
17																	
18	ShneidermanB							-0.538				-0.344			0.786		
19	ChenH			0.606				-0.446				-0.623			0.749		
20	JorgensenC														0.725		
21	JansenB		0.552	0.377				-0.66				-0.375		0.307	0.703		
22	NielsenJ							-0.598				-0.313			0.702		
23	BrownJ		0.383													-0.846	
24	NonakaI															-0.78	
25	DavenportT															-0.753	
26	TijssenR	0.501			-0.392					-0.645			0.518				-0.832
27	MeyerM	0.375			-0.372					-0.459			0.419				-0.806
28	HicksD	0.687			-0.564	-0.342				-0.483			0.38				-0.798
29	EtzkowitzH	0.311								-0.374			0.456				-0.798
30	NarinF	0.606			-0.496					-0.653			0.462				-0.781
31	ZittM	0.585			-0.61					-0.59			0.486				-0.778
32	KatzJ	0.627			-0.502					-0.432			0.586				-0.737
33																	
34																	

图 5.11　结构矩阵的 CSV 文件（以制表符分隔的格式）

将 CSV 文件转换为 Pajek 网络文件（. net 格式）

图 5.12 显示了将图 5.11 的 CSV 文件转换得到的 . net 文件的外观。正如

```
*Vertices 166
1 "research evaluation" circle fos 18 lc Blue x_fact 1.2 y_fact 1.2
2 "Info seeking and use"
3 "IR systems"
4 "h-index and other mathematical bibliometric distributions"
5 "webometrics"
6 "LIS foundations"
7 "relevance"
8 "Use of e-journals and other e-resources"
9 "Mapping of science"
10 "technology acceptance"
11 "text categorization (esp with machine learning)"
12 "network science"
13 "Abstract and Abstracting"
14 "image retrieval"
15 "KM"
16 "science and innovation systems and bibliometrics"
17 "Ahlgren, P" box fos 12 lc Black x_fact 1.2 y_fact 1.2
18 "Aksnes, D"
19 "Allan, J"
20 "Baezayates, R"
21 "Barabasi, A"
22 "Bar-ilan, J"
23 "Barry, C"
24 "Bates, M"
25 "Bawden, D"
26 "Beaver, D"
27 "Belkin, N"
28 "Bensman, S"
29 "Bilal, D"
30 "Bollen, J"
31 "Bordons, M"
32 "Borgatti, S"
33 "Borgman, C"
34 "Borlund, P"
35 "Borner, K"
36 "Bornmann, L"
37 "Boyack, K"
38 "Braun, T"
39 "Brin, S"
40 "Brown, J"
41 "Buckland, M"
42 "Buckley, C"
43 "Budd, J"
44 "Burrell, Q"
45 "Bystrom, K"
```

……

```
146 "Tenopir, C"
147 "Thelwall, M"
148 "Tijssen, R"
149 "Vakkari, P"
150 "Vanraan, A"
151 "Vanrijsbergen, C"
152 "Vaughan, L"
153 "Venkatesh, V"
154 "Vinkler, P"
155 "Voorhees, E"
156 "Waddington, C"
157 "Wagner, C"
158 "Wang, P"
159 "White, H"
160 "White, R"
161 "Wildemuth, B"
162 "Wilson, P"
163 "Wilson, T"
164 "Xu, J"
165 "Yang, Y"
166 "Zitt, M"
*Edges
52 1 0.87
52 4 -0.513
52 5 -0.338
52 8 0.467
52 9 -0.38
52 12 0.339
52 16 -0.371
53 1 0.859
53 4 -0.665
53 8 0.417
53 9 -0.44
53 12 0.318
53 16 -0.406
18 1 0.855
18 4 -0.739
18 5 -0.305
18 9 -0.471
18 16 -0.467
135 1 0.849
135 4 -0.743
135 5 -0.365
```

图 5.12　结构矩阵的 . net 格式

我们所看到的，.net 文件是一个文本文件，通过编写计算机小程序很容易创建，并且使用任何文本编辑器对 SPSS 输出数据进行手动创建都不难。我们使用的 Python 脚本可参见附录 5.4.2。

.net 文件由两部分组成：顶点（vertices）和边缘（edges）。第一部分是将因子和作者可视化为视图上的节点（Pajek 中称之为顶点）。这部分以关键字 * Vertices 开头，它后面跟着一些数字，格式为 n + m 和 m（可选），其中 n 是因子数，m 是作者数。关键字下面是因子和作者，每行写一个。这些顶点的顺序是任意的，但是它们在 .net 文件中是有编号的，并且它们的编号必须保证正确，以便在后面的边缘中能正确地调用它们。第二部分边缘即对应因子矩阵中的单元值。每个单元值（即大于阈值的数值，如 0.3）表示作者和因子之间相关性的强弱，并且可被可视化为作者和因子之间的连线。每个单元值在 .net 文件中以“行”表示，每一行包含因子的编号、作者的编号，它们被空格分隔。例如，图 5.12 中边缘数值为“18 1 0.855”，它表示节点 18（作者“Aksnes，D”）和节点 1（因子“研究评估”）之间的连线强度为 0.885。

注意，图 5.12 所示的示例文件中的因子被赋予了有意义的标签。事实上，如果已经确定了这些因子的标签，那么从 CSV 转换为 Pajek 格式时应该添加这些标签。如果标签还没有确定，那么可给因子分配“因子 1”“因子 2”这样的标签。要让因子和作者节点及其标签出现在视图中，可通过在顶点的每一行上添加相应的格式化信息来指定。例如，在第一行因子之后添加字符串（没有引号）“circle fos 18 lc Blue x_ fact 1.2 y_ fact 1.2”，就使得所有节点都显示为字体大小（“fos”）为 18 和标签颜色（“lc”）为蓝色的圆（circle），并添加字符串“box fos 12 lc Black x_ fact 1.2 y_ fact 1.2”到第一行作者信息之后，使得所有作者节点都拥有一个大小为 12 的黑色标签方框。而且，这两种类型的节点都放大了 1.2 倍，比例一致，以此提高可见性。形状、大小和颜色都可以根据特定的需要和喜好进行设置和调整。

5.4.3 将载荷总贡献作为节点大小和着色程度的可视化方法

图 5.13 是这种可视化方法的一个例子。在这张图上，正方形节点表示作

者，而因子用圆形节点表示，每个节点都按此规则标记。这些节点的大小包含额外信息：作者节点的大小与作者对所有因子的总贡献成正比，而因子节点的大小则由所有作者对该因子的贡献之和来确定，不过只有当所有作者的贡献度高于阈值的时候（如 0.3）才被计算在内。因此，节点大小彰显其在视图中的重要性。

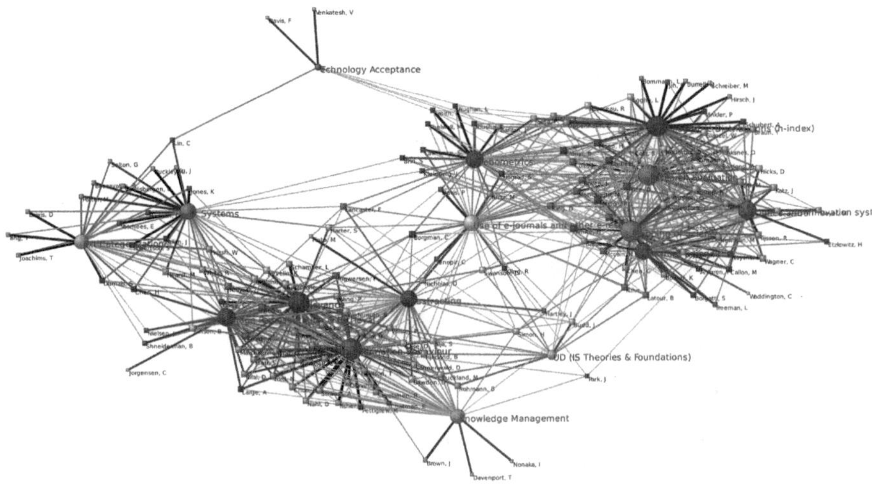

图 5.13　结构矩阵按总负荷贡献作为节点大小和着色程度的可视化

此外，节点颜色可表示节点与视图中其他节点的连接的数量（或称连接度）。对于图 5.13 所示的大量协同载荷分析，该方法在结构矩阵的可视化中没有太大用处，但是当可视化中的连接来自如图 5.9 所示的组型矩阵时，这个方法可能非常有用。作者节点的颜色深度信息可以用来研究作者的研究广度，从视觉直观上看，一些作者只属于一个或两个专业方向（例如，图 5.9 中的黄色和绿色方形节点），而另一些作者则归属多个专业方向。

若使得作者与因子相连的线的粗细与作者对该因子的贡献度成正比，类似连线的灰度值，其中较深的线对应于较高的贡献。虚线表示相反的贡献度。仍旧，只有绝对值大于等于 0.3 的贡献度才会被展示出来。以这种方式生成的视图涵盖了 SPSS 输出文件中作者因子载荷的大部分信息。

Pajek 视图上的节点布局使用的是 Kamada – Kawai 布局算法（Batagelj 和 Mrvar，2007），用因子载荷度量作者和因子节点之间的相似性进而生成视图。

因此，此视图可视化信息丰富，且表达了真实的组成因素。图 5. 13 将 150 位高被引的信息科学家的共被引矩阵的结构矩阵进行了可视化，其中信息科学领域的两阵营结构在图上清晰可见，每个阵营内部具有紧密的联系，两个阵营之间的连接稀疏。赵（Zhao）和 Strotmann（2008a；2008b；2008c）文章中的可视化视图也是如此。

表 5. 1 提供了创建上述类型视图的步骤。示例中输入 Pajek 的文件格式如图 5. 12 所示（为了便于参考，命名为 structure. net），输出文件正如图 5. 13 所示。当然，同样的步骤也适用于为因子分析得到的组型矩阵创建 . net 文件。

表 5. 1　载荷总贡献作为节点大小可视化的步骤

1. 启动 Pajek。 2. 在 Pajek 菜单中，选择 File→Network→Read，并选择之前创建的 structure. net 文件。确保在弹出的文件选择菜单中选择带有 SVG 类型的 HTML 文件（HTML with SVG）。 3. 由于贡献度可以是负的，所以可通过从 Pajek 菜单中选择"Network→Create new network→Transform→Line Values→Absolute"来予以调整。 4. 要确定节点颜色，可从 Pajek 菜单中选择 Network→Create partition→Degree→All。这将创建一个分组，其中所有拥有相同因子的作者会被划为一组，并且相同组中的所有成员都将被赋予相同的颜色。 5. 要确定节点大小，可从 Pajek 菜单中选择 Network→Create vector→Centrality→Weighted degree→All。 6. 为了调整网络中连接线强度的可视化效果，可以选择 Network→Create new network→Transform→Line Values→Multiply by，并在弹出的输入框中输入一个倍数（根据我们的经验，3. 0 是一个很好的值）。 7. 通过选择 Draw→Network + first partition + first vector 来生成可视化网络。一个可视化窗口即会弹出，最好在进一步操作前将其最大化。 （1）从 Pajek 可视化窗口菜单中选择 Options→Values of Lines→Similarities。此选项使用因子载荷作为对作者与因子的相似性的度量，并在视图中显示作者节点，该节点离因子节点越近，这种相似性就越高。 （2）从 Pajek 可视化窗口菜单中选择 Options→Lines →GreyScale and Options→Lines→Different Widths。Pajek 在使用过程中会记住这些设置，因此通常不需要多次执行这些设置。 （3）点击 Ctrl - K 重新绘制地图。通常我们可以多做几次，直到我们对地图满意为止。这相当于如下操作 Layout→Energy→Kamada - Kawai→Free，或在最新的 Pajek 版本中，选择 Layout→Energy →Kamada - Kawai→Separate Components。

续表

(4) 最后，通过选择 Export→2D→SVG→General，输入要保存的 HTML 文件的文件名，例如，structureMap. htm。确保在弹出的文件选择菜单中选择选项 Files with type：HTML with SVG。相应的 SVG 文件名称 structureMap. SVG 也将被自动保存。如果您想将节点外观设置成 3D 的，则可在保存可视化结果之前，从可视化窗口菜单中选择 Export→Options，在弹出的配置窗口中启用选项 SVG：3D Effect on Vertices，然后关闭选项窗口。

注意，在重新绘制地图时，整体布局会随着组型矩阵变化，但结构矩阵在很大程度上保持稳定。因此，基于组型矩阵创建的视图仅用于显示专业方向大小和专业作者的隶属度，而来自结构矩阵的视图可用来显示专业方向之间的相互关系（例如，之前观察到信息科学领域的两阵营结构）。

5.4.4 用节点大小反映引用情况的可视化方法

上面的可视化信息量比较充足，但有一个缺点：一个领域的被高引作者不容易在视觉上被识别出来。

为了弥补这一点，如 Strotmann 和 Zhao（2012）、Zhao 和 Strotmann（2014a）文章所述，我们可以创建一个额外的文件，在此文件中记录作者的被引次数（citation counts），并可在 Pajek 可视化时被调用，使得节点大小对应于它们的被引次数。因此，我们还需要计算一个因子内所有成员的总被引次数，并将其分配到因子节点。

要计算因子成员的总被引次数，我们首先要确定因子的成员（即：作者对哪个因子的贡献大，他就是哪个因子的成员），以及他们对这个因子的贡献，然后把所有作者成员的被引次数加权叠加在一起（即他们的被引次数乘以他们对这一因子的贡献）即可。

这些被引次数，无论是作者还是因子，都会被放入扩展名为 . vec 的矢量文件中，例如，citations. vec。该文件的第一行包含关键字 * Vertices，其余文件中的每一行，按与上面所示的因子矩阵的 . net 文件中的顶点（即，因子和作者）相同的顺序排列，并包含一个数字，此数字对应作者的被引次数或对应因子的成员的被引次数。

可视化过程如表 5.1 所示，除了步骤 5 由被引贡献（loading citations）替代。下面的表 5.2 将描述如何利用 VEC 改进可视化效果。

表 5.2　使用被引次数作为节点大小进行可视化的步骤

（1）选择 *File→Vector→Read*，打开被引贡献文件，如 *citations. vec*。

（2）选择被引次数缩放倍数以获得良好的可视化效果，可通过选择 *Vector→Transform→Multiply by*，并在弹出的窗口中输入缩放因子。在这个例子中，我们使用的比例因子为 0.05。

图 5.14 与图 5.13 使用的是相同的结构矩阵，图 5.14 不仅显示了图 5.13 所有的信息，还添加了作者和专业方向文章引用情况的影响。所以，快速浏览一下此图便可发现最有影响力的作者，如 Leydesdorff，Garfield 和 Salton。

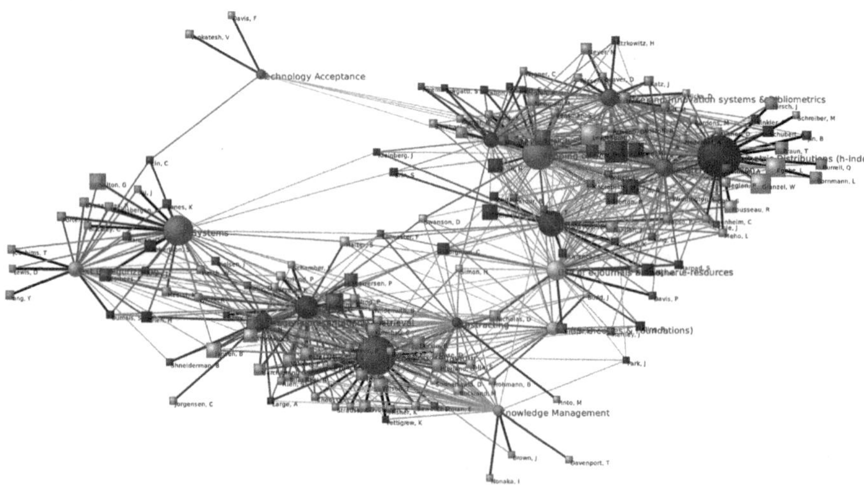

图 5.14　对结构矩阵的可视化（节点大小表示引用次数）

5.4.5　用节点颜色反映因子成员的归属

到目前为止，可视化中的节点颜色已能反映作者跨领域的程度（或者更准确地说是作者对不同因子的协同贡献），这对于分析作者特征非常有用，详见 Zhao 和 Strotmann（2008a；2008b）。然而，因子节点颜色对于人类观察者来说往往是难以理解的，因为它们是基于对不同因子做出贡献的作者数量来确定的。

在下面的可视化中，节点着色是这样确定的，所有主要属于该因子的作者都被分配了相同的颜色。图 5. 15 显示了一个示例，它与图 5. 14 是相同的，但使用的是新的着色方式。在 Strotman 和赵（2012）中也可以找到类似的例子。

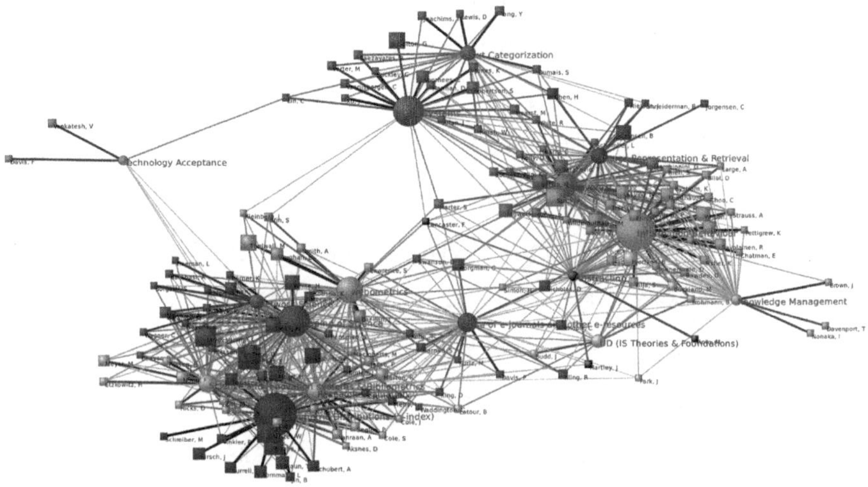

图 5. 15　带有被引信息的节点大小和因子归属颜色的可视化

若用这种着色方式来创建可视化视图，我们需要建立一个扩展名为 . clu 的 Pajek 聚类文件，比如 membership. clu。这与前面一节中描述的 citations. vec 文件格式相同。该文件的第一行包含关键字 * Vertices，其余的行按照与因子矩阵（上面的 . net 文件）中的顶点（即，因子和作者）相同的顺序排列，并在每一行中写入一个整数，这个整数在使用 Pajek 可视化中负责分配颜色。为了给每个因子分配不同的色号，将色号放在 . clu 文件中与该因子对应的行上，以及所有属于该因子的作者相对应的行上。如果有一个作者不属于任何因子，它的色号将被设为数字零。

文件 membership. clu 设定完之后，可视化步骤如表 5. 1 所示，只是步骤 4 中要加载表 5. 3 中提到的文件。

表 5.3 按照因子隶属着色的步骤

(1) 加载 (*File→Partition→Read*) 成员文件 *membership. clu*。

显然，两种节点着色方法都是有其用处的，哪一个更好将取决于研究者做可视化的目的。

5.4.6 结合组型矩阵和结构矩阵的可视化方法

如前所述，使用斜交旋转的因子分析，SPSS 主要输出结果是组型矩阵和结构矩阵。这两个矩阵对于可视化各有其优缺点。

如图 5.13、图 5.14 和图 5.15 所示，一方面，作者与结构矩阵中的因子间的紧密联系有助于产生较稳定的布局，这对显示研究领域的专业方向之间的相互关系相当有意义，但另一方面，此种视图显得比较凌乱，使得节点标签（尤其是作者节点）难以阅读，归属专业的作者成员数量也就变得没有意义。虽然作者的主要方向归属可以通过上述着色方法在视图上清楚地显示，但是视图效果很难看清作者的姓名，也看不清哪些作者归属哪些专业方向。此外，在理论上，这个矩阵的贡献并不是纯粹的作者对专业方向（因子）的隶属关系，而是归属专业的作者成员数量以及不同因子间关系的混合产出。

而在组型矩阵中，基本上大多数作者（阈值 0.3 或更高）只对一个因子有贡献，只有少数作者（被视为桥接作者）能链接到一个以上的因子（即专业方向）。其稀疏的链接结构使得视图比较整洁，能清楚地显示出专业的大小和作者对专业方向的归属关系，如图 5.16 所示对组型矩阵的可视化，此矩阵与图 5.13、5.14 和 5.15 中使用的结构矩阵来自同一个因子分析。但是，组型矩阵没有足够信息来产生稳定的布局，如本示例所显示，有时甚至出现几个不和其他部分连接的分散网络。因此，视图的布局不容易显示专业方向之间的相互关系，例如信息科学领域中的两阵营结构。

基于这些原因，我们需要为组型矩阵和结构矩阵分别创建一个视图，如 Zhao 和 Strotmann（2008a；2008b）所示，其中一个显示专业的节点大小和作者的专业归属情况，而另一个显示专业方向之间的相互关系。再将这两个矩阵的视图结合起来，以便利用因子分析两矩阵的优点，详见 Strotmann 和 Zhao

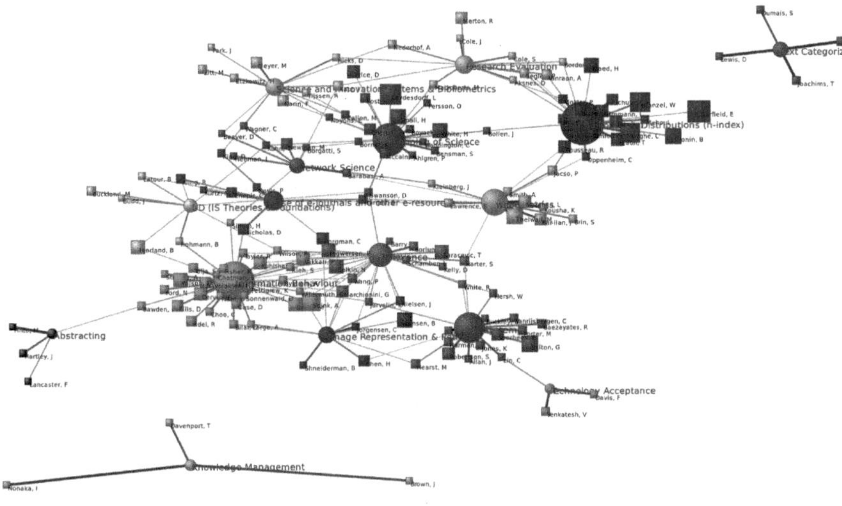

图 5.16　带有被引信息的节点大小和因子归属颜色的组型矩阵可视化

(2012) 以及 Zhao 和 Strotmann (2014a)。

为了组合这两个矩阵视图，我们需要分别创建对应于结构矩阵和组型矩阵的 . net 文件。在 Pajek 输入文件具有被引次数和因子归属信息之后，我们可以先将两个文件在 Pajek 中生成视图，然后使用开源矢量图形编辑器 Inkscape 将两个视图文件合并为一体可视化图。表 5.4 提供了具体操作步骤。

表 5.4　整合结构矩阵和组型矩阵视图的步骤

（1）按照表 5.1 描述的步骤，将 structure. net 文件可视化，先到步骤 7（3），也可能用到表 5.2 和/或表 5.3 中的操作。注意：在 Pajek 主窗口中为 Network 1 分配的号码也是 Pajek 可视化窗口的标题。还要注意步骤 7（3）中用于可视化的 Pajek 主窗口中的分区 1 和向量 1 字段的内容。
（2）在继续表 5.1 中的步骤 7（4）之前，从 Pajek 可视化窗口菜单中选择 Graph – Only，然后如步骤 7（4）所述将结构矩阵的可视化结果保存到 SVG 文件中。
（3）不要关闭 Pajek（这很重要!），继续进行组型矩阵的可视化。
（4）如表 5.1 所示的说明加载并准备 pattern. net 文件，直到完成步骤 6。注意在完成第 6 步时，Pajek 为网络图分配了编号 Network 1。

续表

（5）我们将上面步骤（2）中生成的结构矩阵的布局重新用于组型矩阵的布局，如下所示，使得结构矩阵和组型矩阵的可视化协调一致。 i）在 Pajek 主窗口中，将步骤（2）中基于 structure. net 文件生成的网络标注为网络 1，为步骤（4）中基于 pattern. net 文件生成的网络标注为网络 2。 ii）通过选择 *Nets→Cross – Intersection→Second*，使得组型矩阵生成的网络布局与结构矩阵生成的稳定布局统一。 iii）此时，要在 Pajek 主窗口中选择从 pattern. net 文件派生出来的 Patition 和 Vector。如果没有，请分别从分区和向量的下拉列表中选择，如步骤 1 所示。 iv）现在通过从菜单中选择 *Draw→Draw – Partition – Vector* 切换到 Pajek 可视化窗口。该地图在显示作者和因子节点分布时仍将按照结构矩阵可视化的方式排列，但是连接线会少些。 v）如果由于步骤 2 没有给窗口中的节点加上标签，可以从可视化窗口菜单中选择 *Options→Mark Vertices Using→Labels* 将标签显示激活。 vi）最后，如表 5. 1 中的步骤 7（4）所示将其保存为 SVG 文件（和 HTML），例如 pattern. htm 和 pattern. svg. （6）手动合并 pattern. svg 和 structure. svg 两文件，并做必要的清理。 i）启动 Inkscape，并在两个单独的窗口中打开 pattern. svg 和 structure. svg。 ii）创建一个新的空白的 Inkscape 图像。 iii）在 structure. svg 窗口中，选择所有内容（Ctrl – A）并复制（Ctrl – C）。 iv）在新的图像窗口中，粘贴（Ctrl – V）结构图到新的图形中。 v）在新的图像窗口中，在结构图的上面添加一个新图层（即最上层）。选择最上层。 vi）切换到 pattern. svg 窗口，选择所有，合并为组并拷贝。 vii）切换回新绘图窗口后，将 pattern. svg 的内容粘贴到新图的最上层。 viii）手动对齐组型矩阵图和结构矩阵图，以便对应节点精确重叠。最容易的方式就是，当图像在屏幕上完全可见时，首先将新粘贴的 pattern 网络大致移动到位，然后放大以便精准匹配。 ix）最后，调整顶层和中层的不透明度以获得最佳的视觉效果。我们使用了不透明度为 20% 的结构层和 100% 的组型层。 x）现在可以保存结果并命名，比如 merged. svg。

图 5.17（merged. svg 文件）是这些步骤得到的结果——一个整洁的视图，具有稳定的布局，能清楚地显示每个作者的影响程度（作者节点大小）、每个专业方向（因子节点大小）的重要性、专业方向与作者之间的相互关系（视图布局和背景连接）以及每个作者的专业归属（连接和节点颜色）。来自结构矩阵的连接当作背景被保留，作为对节点分布的补充信息。

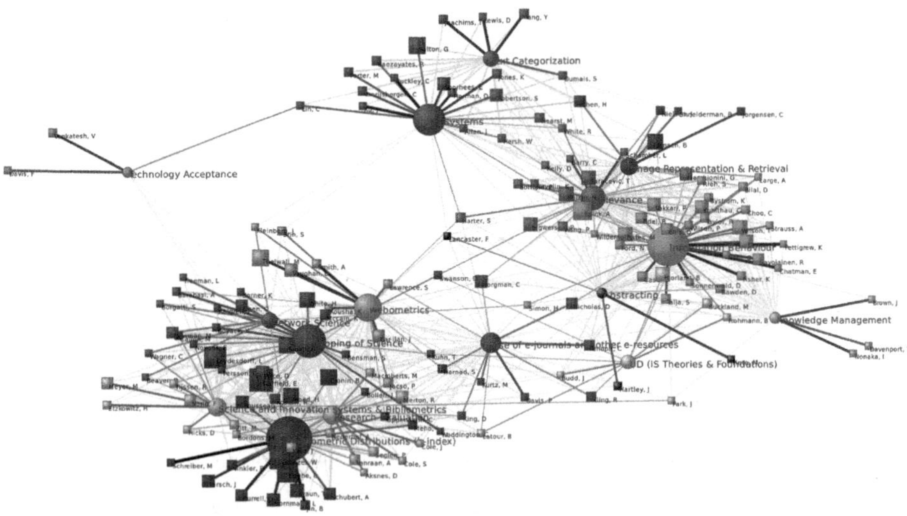

图 5.17 合并后的可视化图

图 5.17 与图 5.9 基本相同，唯一的区别是着色方法：图 5.17 使用了因子成员着色，它给因子及其所有成员（即主要贡献于此因子的所有作者）赋予相同的颜色，详见 5.4.5 小节；图 5.9 使用了贡献度着色，颜色深浅按照作者（作者节点即图中的正方形）对不同因子的贡献度（即因子载荷）确定，详见 5.4.3 小节。

这两个图还印证了先前在第 5.4.6 节中提到的结构矩阵可视化图布局稳定的观点。虽然这两种可视化侧重点不同，乍一看好像不太一样，但仔细检查就会发现因子和作者节点的相对位置差不多是一样的。因此，研究人员使用这两张图，对专业方向与作者之间的相互关系能得出相同的解释。

5.4.7 微调地图

虽然从 Pajek 输出的 SVG 文件已经是非常实用了，但是要将它附到出版物中通常需要精心调整下，再将其转换为文本处理软件或期刊出版商能识别的图像格式。表 5.5 提供了操作步骤。

表 5.5　Pajek 输出 SVG 文件进行精细调整的步骤

（1）我们将 SVG 文件加载到 Inkscape 中。在 Inkscape 编辑器中，我们可以进行手动清理操作，例如： i）调整和/或重新着色节点标签。如果在原始 CSV 文件中缺乏有意义的标签，那么此时也可以编辑因子标签。 ii）重新定位节点标签，以使标签、节点和连线之间的重叠最小化，从而提高视图的可读性。不幸的是，Pajek 还没有任何优化标签定位的算法。注意：小心不要在操作时意外地重新定位任何节点或连接，这将使所得到的视图无效！ （2）最终结果可保存为 PDF，以获得无限分辨率图像（infinite resolution image）。不过，通常还需要将其保存为图像文件。 i）要做到这一点，我们可以从 Inkscape 菜单中选择导出位图 *Export Bitmap...*。 ii）在弹出的导出位图选项窗口中，我们选择导出 *Drawing as Export*。并像出版商要求的那样，通过指定 dpi（每英寸点）字段的数字来选择位图大小（Bitmap size）。输入文件名可输出 PNG 格式。 （3）PNG 格式通常需要转换成 JPEG 格式。为此，我们使用开源程序 Gimp，将 PNG 文件加载到程序中即可，然后将其保存为 JPEG 格式文件。当需要转换大量图像时，我们有时会使用 ImageMagick 进行批量转换。

5.4.8　不使用因子分析的文献计量网络可视化

一般来讲，上述可视化方法适用于表格里将行上的大量内容分组成列，再读取这些行和列之间的关系。在因子矩阵的情况下，列是因子，行是作者，它们的关系是作者对于因子的贡献。

显然，任何具有上述结构（即通过分组判断对象与组的相关性）的表格，都可以用此方法进行可视化。

例如，疾病与分子物质有关，至于疾病与分子物质的关系有多密切，可以通过它们在研究文章中的共现（co－occurrences）来测量，也就是统计此种疾病和研究分子物质的文章被索引的数量。如果我们有兴趣研究 20 种疾病如何与 100 种物质相互关联，那么通过这种方式可以创建这 100 种物质和 20 种疾病组成的矩阵，矩阵中的数值是共现的次数。疾病和物质都可以通过研究论文中出现的频次来识别。然后这个20（列）x 100（行）的矩阵可以使用本章中所描述的方法进行可视化，其中20种疾病相当于因子，100种物质相当于作者。

图5.18显示了神经系统20种主要疾病与100种主要物质共现矩阵可视化的结果，该共现矩阵是基于1965—2012年间神经系统研究文章中二者的出现频次而得来的。这一可视化技术为Hu等（2013）研究神经系统疾病的关联网络提供了帮助。这张可视化图使用了本章中描述的方法，节点大小用单元值的总和确定，而节点颜色按照作者（这里是物质）所归属的因子（这里是疾病）分组来确定。之前提到的改进着色和节点大小的方法也适用于这一组数据。

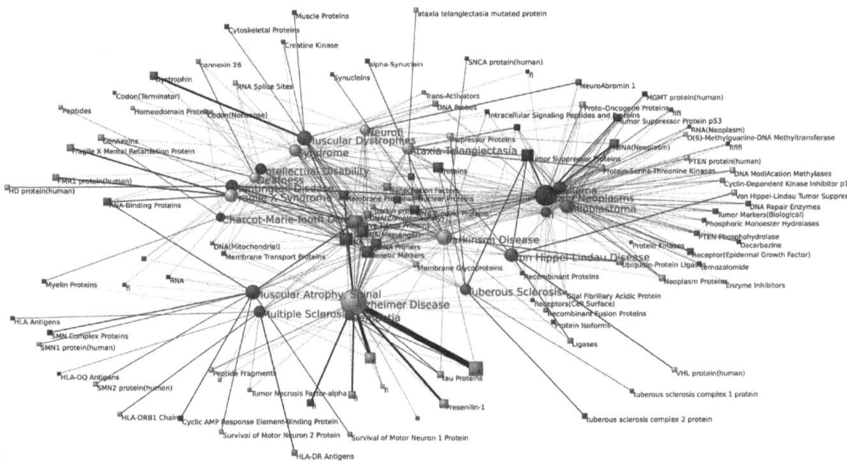

图5.18　疾病与分子物质在文献中共现的可视化图（Hu等，2013）

5.5　结语

正如我们在本章中所看到的，在引文分析中一幅图可以胜过千言万语。另一方面，对于相同的基本事实，使用不同的方法可以生成不同的图像，不过在讲述故事时某些方法比其他方法要好些。有些自相矛盾的是，通过引文网络分析和可视化产生的抽象图片在没有大量单词标签的辅助下依然不能讲好故事，这些标签在图片浏览时可以帮助大脑给相关信息定位。

引文网络可视化在引文分析中有着悠久的传统，因为它可以帮助研究者解释大数据。多年来，各种通用的统计分析和网络可视化工具被用于引文网络可视化，并且还出现了为此目的而专门开发的软件包，例如 CiteSpace 和 VOSviewer。后者可以直接从主要引文数据库（例如，Web of Science，Scopus）下载数据进行可视化。这意味着使用这些软件包的研究人员一方面不需要像本章提及的那样使用常规工具时要经历很多步骤，但另一方面，他们也往往失去了对网络数据质量的精确控制，这会导致难以解释的可视化结果出现。

文献计量网络的信息可视化可通过使用常规网络分析和可视化工具（如本章所示的 Pajek）创建。我们希望这里提供的关于如何创建可视化图的细节能够使研究人员在自己的研究中方便操作各种类型的可视化，并帮助促进可视化工具在文献计量学中的创新性应用。

附录 3.3


```xml
<PubmedArticle>
    <MedlineCitation Owner="NLM" Status="MEDLINE">
        <PMID Version="1">23825632</PMID>
        <DateCreated>
            <Year>2013</Year>
            <Month>07</Month>
            <Day>04</Day>
        </DateCreated>
        <DateCompleted>
            <Year>2014</Year>
            <Month>02</Month>
            <Day>07</Day>
        </DateCompleted>
        <DateRevised>
            <Year>2014</Year>
            <Month>11</Month>
            <Day>13</Day>
        </DateRevised>
        <Article PubModel="Electronic-Print">
            <Journal>
                <ISSN IssnType="Electronic">1932-6203</ISSN>
                <JournalIssue CitedMedium="Internet">
                    <Volume>8</Volume>
                    <Issue>6</Issue>
                    <PubDate>
                        <Year>2013</Year>
                    </PubDate>
                    </JournalIssue>
                    <Title>PloS one</Title>
                        <ISOAbbreviation>PLoS ONE</ISOAbbreviation>
            </Journal>
             <ArticleTitle>Mapping molecular association networks of ner vous system diseases via large-scale analysis of published research.</ArticleTitle>
```

```
              <Pagination>
                <MedlinePgn>e67121</MedlinePgn>
              </Pagination>
                  <ELocationID EIdType="doi" ValidYN="Y">10.1371/
journal.
pone.0067121</ELocationID>
              <Abstract>
                    <AbstractText>Network medicine has been
applied suc cessfully to elicit the structure of large-
scale molecular interaction networks. Its main proponents
have claimed that this approach to integra tive medical
investigation should make it possible to identify functional
modules of interacting molecular biological units as well
as interac tions themselves. This paper takes a significant
step in this direction. Based on a large-scale analysis of
the nervous system molecular medicine literature, this study
analyzes and visualizes the complex structure of associations
between diseases on the one hand and all types of molecular
substances on the other. From this analysis it then identifies
functional co-association groups consisting of several types
of molecular sub stances, each consisting of substances that
exhibit a pattern of frequent co-association with similar
diseases. These groups in turn exhibit inter linking in a
complex pattern, suggesting that such complex interactions
between functional molecular modules may play a role in
disease etiology. We find that the patterns exhibited by the
networks of disease - molec ular substance associations
studied here correspond well to a number of recently published
research results, and that the groups of molecular substances
identified by statistical analysis of these networks do appear
to be interesting groups of molecular substances that are
interconnected in identifiable and interpretable ways. Our
results not only demonstrate that networks are a convenient
framework to analyze and visualize large scale, complex
relationships among molecular networks and diseases, but
may also provide a conceptual basis for bridging gaps in
experimental and theoretical knowledge.</AbstractText>
              </Abstract>
              <AuthorList CompleteYN="Y">
                 <Author ValidYN="Y">
                    <LastName>Hu</LastName>
```

```
                    <ForeName>Xiaojun</ForeName>
                    <Initials>X</Initials>
                    <AffiliationInfo>
                          <Affiliation>Medical Information
Centre, Zhe jiang University School of Medicine, Hangzhou,
China. xihu@zju.edi.cn</
Affiliation>
                    </AffiliationInfo>
               </Author>
               <Author ValidYN="Y">
                    <LastName>Zhao</LastName>
                    <ForeName>Dangzhi</ForeName>
                    <Initials>D</Initials>
               </Author>
               <Author ValidYN="Y">
                    <LastName>Strotmann</LastName>
                    <ForeName>Andreas</ForeName>
                    <Initials>A</Initials>
               </Author>
          </AuthorList>
          <Language>eng</Language>
          <PublicationTypeList>
                <PublicationType UI="D016428">Journal
Article</Publica tionType>
                <PublicationType UI="D013485">Research
Support, Non-U.S.
Gov't</PublicationType>
          </PublicationTypeList>
          <ArticleDate DateType="Electronic">
               <Year>2013</Year>
               <Month>06</Month>
          <Day>25</Day>
          </ArticleDate>
     </Article>
     <MedlineJournalInfo>
          <Country>United States</Country>
          <MedlineTA>PLoS One</MedlineTA>
          <NlmUniqueID>101285081</NlmUniqueID>
          <ISSNLinking>1932-6203</ISSNLinking>
     </MedlineJournalInfo>
     <ChemicalList>
```

```
            <Chemical>
                <RegistryNumber>0</RegistryNumber>
                <NameOfSubstance UI="D015415">Biological
Markers</NameOf Substance>
            </Chemical>
            <Chemical>
              <RegistryNumber>0</RegistryNumber>
                <NameOfSubstance UI="D026901">Membrane
Transport Pro teins</NameOfSubstance>
            </Chemical>
    </ChemicalList>
    <CitationSubset>IM</CitationSubset>
    <CommentsCorrectionsList>
        <CommentsCorrections RefType="Cites">
            <RefSource>Mov Disord. 2011 May;26(6):1056-71</
RefSource>
            <PMID Version="1">21626551</PMID>
        </CommentsCorrections>
        <CommentsCorrections RefType="Cites">
            <RefSource>Nat Rev Genet. 2011 Jan;12(1):56-68</
RefSource>
          <PMID Version="1">21164525</PMID>
        </CommentsCorrections>
        <CommentsCorrections RefType="Cites">
            <RefSource>BMC Bioinformatics. 2011;12:435</
RefSource>
          <PMID Version="1">22070195</PMID>
        </CommentsCorrections>
        <CommentsCorrections RefType="Cites">
            <RefSource>Blood. 2012 Jan 5;119(1):308-19</
RefSource>
          <PMID Version="1">22049513</PMID>
        </CommentsCorrections>
        <CommentsCorrections RefType="Cites">
          <RefSource>Mol Syst Biol. 2012;8:565</RefSource>
          <PMID Version="1">22252388</PMID>
        </CommentsCorrections>
        <CommentsCorrections RefType="Cites">
            <RefSource>Epilepsy Res. 2012 Feb;98(2-3):104-15</
Ref Source>
          <PMID Version="1">22055355</PMID>
```

```
        </CommentsCorrections>
        <CommentsCorrections RefType="Cites">
            <RefSource>J Neurol Neurosurg Psychiatry. 2012
Apr;83(4):430-6</RefSource>
          <PMID Version="1">22138181</PMID>
        </CommentsCorrections>
        <CommentsCorrections RefType="Cites">
            <RefSource>Neurology. 2012 Apr 17;78(16):1237-44</
Ref Source>
          <PMID Version="1">22491861</PMID>
        </CommentsCorrections>
        <CommentsCorrections RefType="Cites">
            <RefSource>Chem Biodivers. 2012 May;9(5):841-7</
RefSource>
           <PMID Version="1">22589086</PMID>
        </CommentsCorrections>
        <CommentsCorrections RefType="Cites">
            <RefSource>Hiroshima J Med Sci. 2012 Mar;61(1):1-
6</RefSource>
           <PMID Version="1">22702213</PMID>
        </CommentsCorrections>
        <CommentsCorrections RefType="Cites">
           <RefSource>PLoS One. 2012;7(7):e41750</RefSource>
           <PMID Version="1">22911851</PMID>
        </CommentsCorrections>
        <CommentsCorrections RefType="Cites">
           <RefSource>Biochem J. 2000 Dec 1;352 Pt 2:511-8</
RefSource>
          <PMID Version="1">11085945</PMID>
        </CommentsCorrections>
        <CommentsCorrections RefType="Cites">
          <RefSource>J Cell Biol. 2002 Jun 24;157(7):1187-96</
RefSource>
          <PMID Version="1">12082079</PMID>
        </CommentsCorrections>
        <CommentsCorrections RefType="Cites">
           <RefSource>Nat Genet. 2002 Jul;31(3):316-9</
RefSource>
        <PMID Version="1">12006977</PMID>
        </CommentsCorrections>
        <CommentsCorrections RefType="Cites">
```

```
            <RefSource>Mol Cancer Ther. 2002 Mar;1(5):347-55</
Ref Source>
           <PMID Version="1">12489851</PMID>
         </CommentsCorrections>
         <CommentsCorrections RefType="Cites">
           <RefSource>Bioinformatics. 2002 Dec;18(12):1553-61</
RefSource>
         <PMID Version="1">12490438</PMID>
         </CommentsCorrections>
         <CommentsCorrections RefType="Cites">
              <RefSource>Science. 1991 Oct 4;254(5028):97-9</
RefSource>
           <PMID Version="1">1925564</PMID>
         </CommentsCorrections>
         <CommentsCorrections RefType="Cites">
           <RefSource>Brain Pathol. 1991 Jul;1(4):279-86</
RefSource>
           <PMID Version="1">1669718</PMID>
         </CommentsCorrections>
         <CommentsCorrections RefType="Cites">
              <RefSource>BMJ. 1995 Apr 29;310(6987):1085-6</
RefSource>
             <PMID Version="1">7742666</PMID>
         </CommentsCorrections>
         <CommentsCorrections RefType="Cites">
            <RefSource>Science. 1955 Jul 15;122(3159):108-11</
Ref Source>
             <PMID Version="1">14385826</PMID>
             </CommentsCorrections>
             <CommentsCorrections RefType="Cites">
               <RefSource>BMC Bioinformatics. 2004 Oct 8;5:147</
RefSource>
               <PMID Version="1">15473905</PMID>
             </CommentsCorrections>
             <CommentsCorrections RefType="Cites">
               <RefSource>Mol Microbiol. 2005 Oct;58(2):349-
57</RefSource>
                 <PMID Version="1">16194224</PMID>
             </CommentsCorrections>
             <CommentsCorrections RefType="Cites">
                 <RefSource>Bioinformatics. 2005 Sep 1;21 Suppl
```

```
2:ii252-8</RefSource>
        <PMID Version="1">16204114</PMID>
      </CommentsCorrections>
      <CommentsCorrections RefType="Cites">
        <RefSource>JAMA. 2007 Apr 11;297(14):1551-61</
RefSource>
        <PMID Version="1">17426274</PMID>
      </CommentsCorrections>
      <CommentsCorrections RefType="Cites">
          <RefSource>Proc Natl Acad Sci U S A. 2007 May
22;104(21):8685-90</RefSource>
        <PMID Version="1">17502601</PMID>
      </CommentsCorrections>
      <CommentsCorrections RefType="Cites">
        <RefSource>N Engl J Med. 2007 Jul 26;357(4):404-
7</Ref Source>
        <PMID Version="1">17652657</PMID>
      </CommentsCorrections>
      <CommentsCorrections RefType="Cites">
       <RefSource>Proc Natl Acad Sci U S A. 2008 Jan
8;105(1):145-50</RefSource>
        <PMID Version="1">18162536</PMID>
      </CommentsCorrections>
      <CommentsCorrections RefType="Cites">
      <RefSource>Nucleic Acids Res. 2008 Jan;36(Database
is sue):D901-6</RefSource>
        <PMID Version="1">18048412</PMID>
      </CommentsCorrections>
      <CommentsCorrections RefType="Cites">
        <RefSource>Science. 2008 May
30;320(5880):1172-3</Ref Source>
        <PMID Version="1">18511680</PMID>
      </CommentsCorrections>
      <CommentsCorrections RefType="Cites">
      <RefSource>Recent Results Cancer Res. 2009;171:217-
39</RefSource>
        <PMID Version="1">19322547</PMID>
      </CommentsCorrections>
      <CommentsCorrections RefType="Cites">
        <RefSource>PLoS Med. 2009 Jul 21;
6(7):e1000097</RefSource>
```

```
            <PMID Version="1">19621072</PMID>
            </CommentsCorrections>
            <CommentsCorrections RefType="Cites">
                <RefSource>PLoS Comput Biol. 2009
Jul;5(7):e1000450</RefSource>
            <PMID Version="1">19649302</PMID>
            </CommentsCorrections>
            <CommentsCorrections RefType="Cites">
                <RefSource>Nature. 2009 Sep 10;461(7261):218-23</
RefSource>
                <PMID Version="1">19741703</PMID>
            </CommentsCorrections>
            <CommentsCorrections RefType="Cites">
             <RefSource>J Alzheimers Dis. 2009;17(2):259-65</
RefSource>
             <PMID Version="1">19221408</PMID>
            </CommentsCorrections>
            <CommentsCorrections RefType="Cites">
              <RefSource>Hum Mol Genet. 2010 Apr 15;19(R1):R12-
20</RefSource>
             <PMID Version="1">20413653</PMID>
            </CommentsCorrections>
            <CommentsCorrections RefType="Cites">
                 <RefSource>Proc Natl Acad Sci U S A. 2010 Jun
1;107(22):10256-61</RefSource>
            <PMID Version="1">20479234</PMID>
             </CommentsCorrections>
             <CommentsCorrections RefType="Cites">
                <RefSource>Target Oncol. 2010 Sep;5(3):161-5</
RefSource>
                <PMID Version="1">20725792</PMID>
             </CommentsCorrections>
             <CommentsCorrections RefType="Cites">
              <RefSource>Neurosurgery. 2011 Jun;68(6):N14-5</
RefSource>
                   <PMID Version="1">21778941</PMID>
             </CommentsCorrectionsList>
          </CommentsCorrectionsList>
          <MeshHeadingList>
             <MeshHeading>
                  <DescriptorName MajorTopicYN="N"
```

```
UI="D015415">Biological
Markers</DescriptorName>
                    <QualifierName MajorTopicYN="N"
UI="Q000378">metabolism</QualifierName>
             </MeshHeading>
             <MeshHeading>
                  <DescriptorName MajorTopicYN="Y"
UI="D035843">Biomedical Research</DescriptorName>
             </MeshHeading>
             <MeshHeading>
                  <DescriptorName MajorTopicYN="N"
UI="D016000">Cluster Analysis</DescriptorName>
             </MeshHeading>
             <MeshHeading>
                  <DescriptorName MajorTopicYN="Y"
UI="D019295">Computa tional Biology</DescriptorName>
             </MeshHeading>
             <MeshHeading>
                  <DescriptorName MajorTopicYN="N"
UI="D006801">Humans</DescriptorName>
              </MeshHeading>
              <MeshHeading>
                  <DescriptorName MajorTopicYN="N"
UI="D026901">Membrane Transport Proteins</DescriptorName>
                 <QualifierName MajorTopicYN="N"
UI="Q000378">metabolism</QualifierName>
              </MeshHeading>
              <MeshHeading>
                  <DescriptorName MajorTopicYN="N"
UI="D008870">Microtu bules</DescriptorName>
                    <QualifierName MajorTopicYN="N"
UI="Q000378">metabolism</QualifierName>
              </MeshHeading>
              <MeshHeading>
                  <DescriptorName MajorTopicYN="N"
UI="D009046">Motor Neu rons</DescriptorName>
                      <QualifierName MajorTopicYN="N"
UI="Q000473">pathology</QualifierName>
              </MeshHeading>
              <MeshHeading>
                  <DescriptorName MajorTopicYN="N"
```

```
UI=”D009132”>Muscles</DescriptorName>
                        <QualifierName MajorTopicYN=”N”
UI=”Q000503”>physiopa thology</QualifierName>
               </MeshHeading>
               <MeshHeading>
                        <DescriptorName MajorTopicYN=”N”
UI=”D009422”>Nervous System Diseases</DescriptorName>
                    <QualifierName MajorTopicYN=”N” UI=”Q000276”>
immunology</QualifierName>
                    <QualifierName MajorTopicYN=”Y” UI=”Q000378”>
metabolism</QualifierName>
                    <QualifierName MajorTopicYN=”N” UI=”Q000473”>
pathology</QualifierName>
                    <QualifierName MajorTopicYN=”N” UI=”Q000503”>
physiopa thology</QualifierName>
               </MeshHeading>
               <MeshHeading>
                 <DescriptorName MajorTopicYN=”N” UI=”D009857”>
Oncogenes</DescriptorName>
                 <QualifierName MajorTopicYN=”N” UI=”Q000235”>
genetics</QualifierName>
               </MeshHeading>
               <MeshHeading>
                <DescriptorName MajorTopicYN=”N” UI=”D015398”>
Signal Transduction</DescriptorName>
               </MeshHeading>
               <MeshHeading>
                 <DescriptorName MajorTopicYN=”N” UI=”D014158”>
Transcrip tion, Genetic</DescriptorName>
               </MeshHeading>
               <MeshHeading>
                 <DescriptorName MajorTopicYN=”N” UI=”D015533”>
Transcrip tional Activation</DescriptorName>
               </MeshHeading>
          </MeshHeadingList>
          <OtherID Source=”NLM”>PMC3692415</OtherID>
       </MedlineCitation>
       <PubmedData>
          <History>
          <PubMedPubDate PubStatus=”ppublish”>
               <Year>2013</Year>
```

```
        <Month/>
        <Day/>
    </PubMedPubDate>
    <PubMedPubDate PubStatus="received">
        <Year>2013</Year>
        <Month>3</Month>
        <Day>5</Day>
    </PubMedPubDate>
    <PubMedPubDate PubStatus="accepted">
        <Year>2013</Year>
        <Month>5</Month>
        <Day>13</Day>
    </PubMedPubDate>
    <PubMedPubDate PubStatus="epublish">
        <Year>2013</Year>
        <Month>6</Month>
        <Day>25</Day>
    </PubMedPubDate>
    <PubMedPubDate PubStatus="entrez">
        <Year>2013</Year>
        <Month>7</Month>
        <Day>5</Day>
        <Hour>6</Hour>
        <Minute>0</Minute>
    </PubMedPubDate>
    <PubMedPubDate PubStatus="pubmed">
        <Year>2013</Year>
        <Month>7</Month>
        <Day>5</Day>
        <Hour>6</Hour>
        <Minute>0</Minute>
    </PubMedPubDate>
    <PubMedPubDate PubStatus="medline">
        <Year>2014</Year>
        <Month>2</Month>
        <Day>8</Day>
        <Hour>6</Hour>
        <Minute>0</Minute>
    </PubMedPubDate>
</History>
```

```
    <ArticleIdList>
        <ArticleId IdType="doi">10.1371/journal.
one.0067121</Arti cleId>
        <ArticleId IdType="pii">PONE-D-13-09728</ArticleId>
        <ArticleId IdType="pubmed">23825632</ArticleId>
        <ArticleId IdType="pmc">PMC3692415</ArticleId>
    </ArticleIdList>
  </PubmedData>
/PubmedArticle>
```

附录 5.4.2

A PYTHON SCRIPT FOR CONVERSION OF A FACTOR ANALYSIS RESULT MATRIX TO A NETWORK REPRESENTATION

The following simple Python script converts a factor analysis result matrix (factors x members) from comma-separated values (CSV) format to a graph in Pajek's .net format.

```
def factorsCsv2Net(csvFn,netFn,codec='utf-8'):
    import codecs

    f=codecs.open(csvFn,'r',codec)
    l=f.read().splitlines()
    factors = [[field.strip().replace('"','')
            for field in line.split(',')]
            for line in l]
    factornames = factors[0][1:]
    factors = factors[1:]
    vertices = sorted([f[0] for f in factors])
    vertexdeclarations = dict(zip(factornames+vertices,
                  range(1,len(factornames)+len(vertices)+1)))
    edges = [ [(f[0],i,x)
          for x,i in zip(f[1:],range(1,len(factors[0])))
          if x]
          for f in factors]
    e=[]
    for ed in edges:
       e=e+ed
    edgedeclarations = [(vertexdeclarations[name],
                  vertexdeclarations[factornames[fact
                    or-1]], loading)
                  for name,factor,loading in e]
    of=codecs.open(netFn,'w','latin1','replace')
    print>>of, ('*Vertices '+str(len(vertexdeclarations))+'\n'
```

```
    +'\n'.join([' '.join([str(vertexdeclarations[vertex]),
          quotestring(vertex)])
      for vertex
      in sorted(vertexdeclarations,
      lambda x,y:cmp(vertexdeclarations[x],
      vertexdeclarations[y]))])
    +'\n'
    +'*Edges\n'
    +'\n'.join([' '.join([str(name),
                   str(factor),
                   loading])
                 for name,factor,loading
                 in edgedeclarations]))
 of.close()
ef quotestring(s):
 return '"'+s+'"'
```

参考文献

Adam, D. (2002). Citation analysis: The counting house. *Nature*, 415, 726 - 729. DOI: 10.1038/415726a. DOI: 10.1038/415726a.

Ahlgren, P., Jarneving, B., and Rousseau, R. (2003). Requirements for a cocitation similarity mea - sure, with special reference to Pearson's correlation coefficient. *Journal of the American Society for Information Science*, 54, 550 - 560. DOI: 10.1002/asi.10242. 46

Ahlgren, P., Jarneving, B., and Rousseau, R. (2004a). Author cocitation and Pearson's r. *Journal of the American Society for Information Science and Technology*, 55(9), 843. DOI: 10.1002/ asi.20030. 46

Ahlgren, P., Jarneving, B., and Rousseau, R. (2004b). Rejoinder: In defense of formal methods. *Journal of the American Society for Information Science and Technology*, 55(10), 936. DOI: 10.1002/asi.20029. 46

Alako, B. T. F., Veldhoven, A., van Baal, S., Jelier, R., Verhoeven, S., Rullman, T., Polman, J., and Jenster, G. (2005). CoPub Mapper: Mining MEDLINE based on search term co - publication. *BMC Bioinformatics* 6, article 51. DOI: 10.1186/1471 -2105 -6 -51. DOI: 10.1186/1471 -2105 -6 -51. 90

Albert, R., Jeong, H. W., and Barabási, A. L. (2000). Error and attack tolerance of complex networks.

Nature 406, 378 -382. DOI: 10.1038/35019019. 107

Andres, A. (2009). *Measuring academic research: How to undertake a bibliometric study.* Atlanta, Geor - gia: Neal - Schuman Publishers, Inc. DOI: 10.1533/9781780630182. 19

Anselin, L. (1988). *Spatial econometrics: Methods and models.* Springer. DOI: 10.1007/978 -94 -015 -7799 -1. 7

APA style [Website]. (2013). American Psychological Association. Retrieved from http://www. apastyle. org/. 90,95

Archambault, E., and Lariviere, V. (2009). History of the journal impact factor: Contingencies and consequences. *Scientometrics*, 79 (3), 635 – 649. DOI: 10. 1007/s11192 – 007 – 2036 – x. 94

Ardanuy, J. (2012). Scientific collaboration in Library and Information Science viewed through the Web of Knowledge: The Spanish case. *Scientometrics*, 90 (3), 877 – 890. DOI: 10. 1007/ s11192 – 011 – 0552 – 1. 62

Arunachalam, S. (1998). Citation analysis: Do we need a theory? *Scientometrics*, 43, 141 – 142. DOI: 10. 1007/BF02458402. 15

Author identifier (2013). SciVerse. Retrieved fromhttp://www. info. sciverse. com/ scopus/sco – pus – in – detail/tools/authoridentifier.

Bagatelj, V. (2003). Efficient algorithms for citation network analysis. Retrieved from ArXiv Com – puting Research Repository at http://arxiv. org/abs/ cs/0309023. 48

Barabási, A. L., and Albert, R. (1999). Emergence of scaling in random networks. *Science*, 286, 509 – 512. DOI: 10. 1126/science. 286. 5439. 509. 106

Barabási, A. L. Gulbahce, N., and Loscalzo, J. (2011). Network medicine: A network – based ap – proach to human disease. *Nature Reviews Genetics*. nature. com. DOI: 10. 1038/nrg2918. 47

Barabási, A. L., Jeong, H., Neda, Z, Ravasz, E, Schubert, A., and Vicsek, T. (2002). Evolution of the social network of scientific collaborations. *Physica A*, 311, 590 – 614. DOI: 10. 1016/ S0378 – 4371(02)00736 – 7. 106

Bar – Ilan, J. (2008). Which h – index? A comparison of WoS, Scopus and Google Scholar. *Sciento – metrics*, 74(2), 257 – 271. DOI: 10. 1007/s11192 – 008 – 0216 – y. 96

Bartneck, C., and Kokkelmans, S. (2011). Detecting h – index manipulation through self – citation analysis. *Scientometrics*, 87 (1), 85 – 98. DOI: 10. 1007/s11192 – 010 – 0306 – 5. 94

Bassecoulard, E., Lelu, A., and Zitt, M. (2007). A modular sequence of retrieval procedures to de – lineate a scientific field: From vocabulary to citations and back. In *Proceedings of the 11th International Conference on Scientometrics and Informetrics* (pp. 74 – 84), June 25 – 27, 2007, Madrid, Spain. 8, 61

Batagelj, V., and Mrvar, A. (2007). Pajek: Program for analysis and visualization of large networks. Retrieved fromhttp://vlado. fmf. uni – lj. si/pub/networks/pajek/. 129, 136

Bayer, A. E., and Folger, J. (1966). Some correlates of a citation measure of productivity in science. *Sociology of Education*, 39, 381 – 390. DOI: 10. 2307/2111920. 13

Bensman, S. J. (2001). Urquhart's and Garfield's Laws: The British controversy over their validity. *Journal of the American Society for Information Science and Technology*, 59(9), 714 – 724. DOI: 10. 1002/asi. 1122. 73

Bensman, S. J. (2004). Pearson's r and author cocitation analysis: A commentary on the controversy. *Journal of the American Society for Information Science and Technology*, 55(10), 935 – 936. DOI: 10. 1002/asi. 20028. 46

Bergmark, D. (2000). Automatic extraction of reference linking information from online docu – ments (Tech. Rep. TR 2000 – 1821). Ithaca, NY: Cornell University.

Bleier, A., and Strotmann, A. (2013). Author name co – mention analysis: Testing a poor man's author co – citation analysis method. *Proceedings of the 14th International Society for Scien – tometrics and Informetrics Conference.* July 15 – 19, 2013. Vienna, Austria. 130

Book Citation Index (2013). Web of Knowledge. Retrieved fromhttp://wokinfo. com/products_ tools/multidisciplinary/bookcitationindex.

Bollen, J., van de Sompel, H., Hagberg, A., Bettencourt, L., Chute, R., et al. (2009). Clickstream data yields high – resolution maps of science. *PloS ONE* 4(3), e4803. DOI: 10. 1371/jour – nal. pone. 0004803. 120, 121

Borgman, C. L., and Furner, J. (2002). Scholarly communication and *bibliometrics. Annual Review of Information Science and Technology*, 36, 3 – 72. DOI: 10. 1002/aris. 1440360102. 3, 5, 12, 21

Borgman, C. L. (Ed.). (1990). *Scholarly communication and bibliometrics.* Newbury Park, CA: Sage Publications, Inc. 6, 11, 13, 14, 15, 68

Börner, K. (2010). *Atlas of Science: Visualizing What We Know.* The MIT Press. DOI: 10. 1007/ s11192 – 011 – 0409 – 7.

Börner, K., Maru, J. T., and Goldstone, R. L. (2004). The simultaneous evolution of author and paper networks. *Proceedings of the National Academy of Sciences of the United States of Amer – ica*, 101 (Suppl. 1), 5266 – 5273. DOI: 10. 1073/ pnas. 0307625100. 47

Börner, Katy, Soma Sanyai and Alessandro Vespignani. (2008). Network science. *Annual Review of Information Science and Technology*, 41: 537 – 607. DOI: 10. 1002/aris. 2007. 1440410119. 18

Bornmann, L. (2010). Towards an ideal method of measuring research performance: Some com – ments to the Opthof and Leydesdorff (2010) paper. *Journal of Informetrics* 4(3) 441. DOI: 10. 1016/j. joi. 2010. 04. 004. 25

Bornmann, L., and Daniel, H. - D. (2008). What do citation counts measure? A review of studies on citing behavior. *Journal of Documentation*, 64: 45 – 80. DOI: 10. 1108/00220410810844150. 12

Boyack, K. W, Börner, K., and Klavans, R. (2007). Mapping the structure and evolution of chemis – try research. *Proceedings of the 11th International Conference of the International Society for Scientometrics and Informetrics*, June 25 – 27, 2007, Madrid, Spain. 47

Boyack, K. W., Börner, K., and Klavans, R. (2009). Mapping the structure and evolution of chem – istry research. *Scientometrics*, 79 (1), 45 – 60. DOI: 10. 1007/s11192 – 009 – 0403 – 5. DOI: 10. 1007/s11192 – 009 – 0403 – 5. 24, 40

Boyack, K. W., and Klavans, R. (2010). Co – citation analysis, bibliographic coupling, and direct citation: Which citation approach represents the research front most accurately? *Journal of the American Society for Information Science and Technology*,61(12),2389 –2404. DOI: 10. 1002/asi. 21419. 122

Boyack,K. W. , and Klavans, R. (2011a). Using global mapping to create more accurate document - level maps of research fields. *Journal of the American Society for Information Science and Technology* 62,1 – 18. DOI: 10. 1002/ asi. 21444. 23,123,127,128

Boyack,K. W. ,and Klavans,R. (2011b). Multiple dimensions of journal specificity: Why journals can't be assigned to disciplines. *Proceedings of the 13th International Conference on Sciento – metrics and Informetrics* (pp. 123 –133), July 4 –7,2011,Durban,South Africa. 27

Boyack, K. W. , Klavans, R. , and Börner, K. (2005). Mapping the backbone of science. *Scientometrics*,64(3),351 – 374. DOI: 10. 1007/s11192 – 005 – 0255 –6. 5,23,40,47

Boyack, K. W. , Klavans, R. , Paley, W. B. , and Börner, K. (2007). Mapping, illuminating, and inter – acting with science. *ACM SIGGRAPH 2007 Sketches*, SIGGRAPH'07,Article number 2. DOI: 10. 1145/1278780. 1278783. 118

Boyack,K. W. , Small, H. , and Klavans, R. (2013). Improving the accuracy of co – citation clustering using full text. *Journal of the American Society for Information Science and Technology*,64(9),1759 –1767. DOI: 10. 1002/asi. 22896. 15,35,91, 122

Brin,S. , and Page, L. (1998). The anatomy of a large – scale hypertextual Web search engine. *Computer Networks and ISDN Systems*, 30 (1 – 7), 107 – 117. DOI: 10. 1016/S0169 –7552(98)00110 –X. 9

Brody,T. ,Harnad,S. ,and Carr,L. (2006). Earlier Web usage statistics as predictors of later ci – tation impact. *Journal of the American Society for Information Science and Technology*,57,1060 –1072. DOI: 10. 1002/asi. 20373. 96

Brooks,F. P. (1975). The mythical man – month (Vol. 1995). Reading, MA: Addison – Wesley. 7 Brown,C. M. (2007). The role of Web – based information in the scholarly communication of chemists: Citation and content analyses of

American Chemical Society Journals. *Journal of the American Society for Information Science and Technology*, 58 (13), 2055 – 2065. DOI: 10. 1002/asi. 20666. 7

Brown, C. M. (2010). Communication in the sciences. *Annual Review of Information Science and Technology*, 44, 287 – 316. DOI: 10. 1002/aris. 2010. 1440440114. 7, 97

Brown, C. M., and Ortega, L. (2005). Information – seeking behavior of physical science librarians: Does research inform practice? *College and Research Libraries*, 66(3), 231 – 247. DOI: 10. 5860/crl. 66. 3. 231.

Brunvand, A., and Pashkova – Balkenhol, T. (2008). Undergraduate use of government information: What citation studies tell us about instruction strategies. *Libraries and the Academy* 8(2), 197 – 209. DOI: 10. 1353/pla. 2008. 0014. 7

Bubela, T., Strotmann, A., Adams, R., and Morrison, S. (2010). Commercialization and collabora – tion: Competing policies in publicly funded stem cell research? *Cell stem cell*, 7 (1), 25 – 30. DOI: 10. 1016/j. stem. 2010. 06. 010. 25

Carter, G. M. (1974). *Peer review, citations, and biomedical research policy: NIH grants to medical school faculty.* Santa Monica, California: Rand Corporation. Available online at http://www. rand. org/content/dam/rand/pubs/reports/2008/R1583. pdf. 13

Chang, Y. W., and Huang, M. H. (2012). A study of the evolution of interdisciplinarity in library and information science: Using three bibliometric methods. *Journal of the American Society for Information Science and Technology*, 63 (1), 22 – 33. DOI: 10. 1002/asi. 21649. 8

Chen, C. M. (2006). CiteSpace II: Detecting and visualizing emerging trends and transient pat – terns in scientific literature. *Journal of the American Society for Information Science and Technology*, 57 (3), 359 – 377. DOI: 10. 1002/asi. 20317. 47

Chen, C., and Carr, L. (1999). Trailblazing the literature of hypertext: Author co – citation analysis (1989 – 1998). In *Proceedings of the 10th ACM Conference on Hypertext and Hypermedia: Returning to Our Diverse Roots* (pp. 51 – 6 0).

Available online: http://www. pages. drexel. edu/ ~ cc345/papers/ht99. pdf. DOI: 10. 1145/294469. 294486. 65

Chen, C., Ibekwe – SanJuan, F., and Hou, J. (2010). The structure and dynamics of cocitation clus – ters: A multiple – perspective cocitation analysis. *Journal of the American Society for Infor – mation Science and Technology*, 61(7), 1386 – 1409. DOI: 10. 1002/asi. 21309. 9, 50, 126, 127

Chen, H. (1999). Visualizing semantic spaces and author cocitation networks in digital librar – ies. *Information Processing and Management*, 35, 401 – 420. DOI: 10. 1016/S0306 – 4573(98)00068 – 5. 9

Chen, H., Houston, A. L., Sewell, R. R., and Schatz, B. R. (1998a). Internet browsing and searching: User evaluations of category map and concept space techniques. *Journal of the American Society for Information Science*, 49, 582 – 603. DOI: 10. 1002/(SICI) 1097 – 4571 (19980515) 49:7 <582::AID – ASI2 > 3. 0. CO;2 – X. 9

Chen, H., Martinez, J., Kichhoff, A., Ng. T. D., and Schatz, B. R. (1998b). Alleviating search un – certainty through concept associations: Automatic indexing, co – occurrence analysis, and parallel computing. *Journal of the American Society for Information Science*, 49, 206 – 216. DOI: 10. 1002/(SICI) 1097 – 4571 (199803) 49:3 <206::AID – ASI3 >3. 0. CO;2 – K. 9

Chi, P. S. (2012). Bibliometric characteristics of political science research in Germany. *Proceedings of the ASIS&T* 2012 *Annual Meeting*. DOI: 10. 1002/meet. 14504901115. 120

Chi, P. S. (2013). Do non – source items make a difference in the social sciences? *Proceedings of the* 14*th International Society for Scientometrics and Informetrics Conference*. July 15 – 19, 2013. Vienna, Austria. 120

Chu, H., and Krichel, T. (2007). Downloads vs. citations: Relationships, contributing factors and beyond. In *Proceedings of the* 11*th International Conference of the International Society for Scientometrics and Informetrics*, June 25 – 27, 2007, Madrid, Spain. 96

Conkling, T., Harwell, K., McCallips, C., Nyana, S., and Osif, B. (2010). Research material selection in the pre - web and post - web environments: An interdisciplinary study of bibliographic citations in doctoral dissertations. *Journal of Academic Librarianship*, 36 (1), 20 - 31. DOI: 10.1016/j.acalib.2009.11.003. 97

Cooke, R., and Rosenthal, D. (2011). Students use more books after library instruction: An analysis of undergraduate paper citations. *College and Research Libraries*, 72(4), 332 - 343. DOI: 10.5860/crl - 90.7

Cornelius, B., Landström, H., and Persson, O. (2006). Entrepreneurial studies: The dynamic research front of a developing social science. *Entrepreneurship Theory and Practice*, 30, 375 - 398. DOI: 10.1111/j.1540 - 6520.2006.00125.x. 38, 65

Cota, R. G., Ferreira, A. F., Nascimento, C., Gonçalves, M. A., and Laender, A. H. F. (2010). An unsupervised heuristic - based hierarchical method for name disambiguation in bib - liographic citations. *Journal of the American Society for Information Science and Technology*, 61 (9), 1853 - 1870. DOI: 10.1002/asi.21363.

Craig, I., Plume, A., McVeigh, M., Pringle, J., and Amin, M. (2007). Do open access articles have greater citation impact?: A critical review of the literature. *Journal of Informetrics*, 1(3), 239 - 248. Available online: http://www.publishingresearch.net/Citations - SummaryPa - per3 _ 000.pdf. pdf. DOI: 10.1016/j.joi.2007.04.001. 96

Crane, D. (1972). *Invisible colleges: Diffusion of knowledge in scientific communities*. Chicago: Univer - sity of Chicago Press. 11

Cronin, B. (1984). *The citation process: The role and significance of citations in scientific communication*. London: Taylor Graham. 4, 12

Cronin, B., and Meho, L. I. (2006). Using the h - index to rank influential information scientists. *Journal of the American Society for Information Science and Technology*, 57(9), 1275 - 1278. DOI: 10.1002/asi.20354. 64

CrossRef [Website]. (2013). Retrieved fromhttp://www.crossref.org.

Cui, L. (1999). Rating health Web sites using the principles of citation analysis: A bibliometric approach. *Journal of Medical Internet Research*, 1(1). Retrieved from http://www.jmir.org/1999/1/e4/index.htm. DOI: 10.2196/jmir.1.1.e4. 18

Culnan, M. J., O'Reilly, C. A., and Chatman, J. A. (1990). Intellectual structure of research in organi - zational behavior, 1972 - 1984: A cocitation analysis. *Journal of the American Society for In - formation Science*, 41, 453 - 458. DOI: 10.1002/(SICI)1097 - 4571(199009)41:6 < 453::AID - ASI13 > 3.0.CO;2 - E. 44

Dahling, R. L. (1962). Shannon's information theory: The spread of an idea. In Katz, E., et al. (eds.), *Studies of innovation and of communication to the public* (pp. 119 - 139). Stanford, CA: The Institute. 6

Data Collection. (2013). CWTS Leiden Ranking. Retrieved from http://www.leidenranking.com/ methodology/datacollection. 65

Davis, J. M. (1970). The transmission of information in psychiatry. In*Proceedings of the American Society for Information Science Annual Meeting*: Vol. 7(pp. 53 - 56). New York: Greenwood Publishing. 6

De Bellis, N. (2009). *Bibliometrics and citation analysis: From the Science Citation Index to Cybermet - rics*. Lanham, Maryland: Scarecrow Press. 19

DeMay, M. (1982). *The cognitive paradigm*. Boston, MA: D. Reidel. [now University of Chicago Press] DOI: 10.1007/978 - 94 - 009 - 7956 - 7. 11

Deville, P., Wang, D. S., Sinatra, R., Song, C. M., Blondel, V. D., and Barabási, A. L. (2014). Career on the move: Geography, stratification, and scientific impact. *Scientific Reports*, 4, Article number: 4770. DOI: 10.1038/srep04770. 113

Diesner, J., and Carley, K. M. (2013). Error propagation and robustness of relation extraction meth - ods. *Presentation at XXXIII International Sunbelt Social Network Conference*, Hamburg, Germany, May 2013. 106, 107

Ding, Y. (1998). Scholarly communication and bibliometrics: II. Scholarly communication process (Literature Review). *International Forum on*

Information and Documentation,23(3),3 – 19. 63

Ding,Y. ,Chowdhury,G. G. ,Foo,S. ,and Qian,W. (2000). Bibliometric information re – trieval system (BIRS): A Web search interface utilizing bibliometric research re – sults. *Journal of the American Society for Information Science*, 51,1190 – 1204. DOI: 10. 1002/1097 – 4571(2000)9999:9999 < : : AID – ASI1031 >3. 0. CO;2 – B. 9

Ding,Y. ,and Cronin,B. (2011). Popular and/or prestigious? Measures of scholarly esteem. *Infor – mation Processing and Management*, 47, 80 – 96. DOI: / 10. 1016/j. ipm. 2010. 01. 002.

Ding,Y. ,Liu,X. ,Guo,C. ,and Cronin,B. (2013). The distribution of references across texts: Some implications for citation analysis. *Journal of Informetrics*, 7,583 – 592. DOI: 10. 1016/j. joi. 2013. 03. 003. 15

Dubin,D. (2004). The most influential paper Gerard Salton never wrote. *Library Trends*,52(4),748 – 764.

Edge,D. O. (1979). Quantitative measures of communication in science: A critical review. *History of Science*,17,102 – 134. 12,13,68

Egghe,L. (2000). New informetric aspects of the Internet: Some reflections,many problems. *Jour – nal of Information Science*, 26, 329 – 335. DOI: 10. 1177/016555150002600505. 18

Egghe,L. , and Rousseau, R. (1990). *Introduction to informetrics.* New York: Elsevier Science. 68 Endersby,J. W. (1996). Collaborative research in the social sciences: Multiple authorship and pub – lication credit. *Social Science Quarterly*,77,375 – 392. 29,73

Eom, S. B. (2003). *Author co – citation analysis using custom bibliographic databases: An introduction to the Sas approach.* Lewiston,NY: Edwin Mellen Press. 100

Eom,S. B. (2008). *Author cocitation analysis: Quantitative methods for mapping the intellectual struc – ture of an academic discipline.* Hershey,PA: IGI Global.

Eom,S. B. ,and Farris,R. S. (1996). The contributions of organizational science to the de – velopment of decision support systems research subspecialties. *Journal of the Amer – ican Society for Information Science*, 47 (12), 941 – 952. DOI: 10.1002/(SICI)1097 – 4571(199612)47:12 <941::AID – ASI7 >3.0.CO;2 – 2. 65

Érdi, P., Makovi, K., Somogyvári, Z., Strandburg, K., Tobochnik, J., Volf, P., and Zalányi L. (2013). Prediction of emerging technologies based on analysis of the US patent citation network. *Scientometrics*, 95 (1), 225 – 242. DOI: 10.1007/s11192 – 012 – 0796 – 4. 10

Etzkowitz, H., and Leydesdorff, L. (2000). The dynamics of innovation: from National Systems and "Mode 2" to a Triple Helix of university – industry – government relations. *Research Policy*, 29 (2), 109 – 123. DOI: 10.1016/S0048 – 7333(99)00055 – 4. 10

European Patent Office [Website]. (2013). Retrieved fromhttp://worldwide.espacenet.com.

Evans, J. (2008). Electronic publication and the narrowing of science and scholarship. *Science*, 321, 395 – 399. DOI: 10.1126/science.1150473. 97

Fairthorne, R. A. (1969). Empirical hyperbolic distributions (Bradford – Zipf – Mandelbrot) for bibliometric description and prediction. *Journal of Documentation*, 25, 319 – 343. DOI: 10.1108/eb026481. 17

Falagas, M. E., Pitsouni, E. I., Malietzis, G. A., and Pappas, G. (2008). Comparison of PubMed, Scopus, Web of Science, and Google Scholar: Strengths and weaknesses. *FASEB Journal*, 22(2), 338 – 342. DOI: 10.1096/fj.07 – 9492LSF. 96

Fanelli, D., and Glänzel, W. (2013). Bibliometric evidence for a hierarchy of the sciences. *PLoS ONE* 8(6): e66938. DOI: 10.1371/journal.pone.0066938. 119, 120

Fegley, B. D., and Torvik, V. I. (2013). Has large – scale named – entity network analysis been resting on a flawed assumption? *PLoS ONE* 8 (7): e70299. DOI: 10.1371/journal.pone.0070299. 106, 111, 112

Fiorenzo, F., Domenico, M., and Luca, M. (2013). The effect of database dirty data on h – index calculation. *Scientometrics*, 95(3), 1179 – 1188. DOI: 10.1007/s11192 – 012 – 0871 – x. 64

Fiszman, M. , Demner – Fushman, D. , Kilicoglu, H. , and Rindflesch, T. C. (200 9). Automatic summarization of MEDLINE citations for evidence – based medical treatment: A top – ic – oriented evaluation. *Journal of Biomedical Informatics*, 42, 801 – 813. DOI: 10. 1016/j. jbi. 2008. 10. 002. 9

Frijters, R. , van Vugt, M. , Smeets, R. , van Schaik, R. , de Vlieg, J. , and Alkema, W. (2010). Literature mining for the discovery of hidden connections between drugs, genes and diseases. *PLOS Computational Biology*, 6 (9), article e1000943. DOI: 10. 1371/journal. pcbi. 1000943. 90

Garfield, E. (1979). *Citation indexing—its theory and application in science, technology, and humanities.*

New York: John Wiley and Sons. 2, 3, 13, 14, 15, 19, 52, 68, 69, 73, 89

Garfield, E. (1985). In tribute to Derek John de Solla Price: A citation analysis of Little science, big science. *Scientometrics*, 7, 487 – 503. DOI: 10. 1007/ BF0-2017163. 7

Garfield, E. , Malin, M. W. , and Small, H. (1978). Citation data as science indicators. In Y. Elkana,

J. Lederberg, R. K. Merton, A. Thackray, and H. Zuckerman (eds.), *Toward a metric of science: The advent of science indicators* (pp. 179 – 207). New York: John Wiley.

Garfield, E. , Pudovkin, A. I. , and Istomin, V. S. (2002). Algorithmic citation – linked historiography: mapping the literature of science. In Elaine G. Toms (Ed.) *Proceedings of the 65th Annual Meeting of the American Society for Information Science and Technology* (ASIS&T), Vol: 39, pp. 14 – 24. DOI: 10. 1002/meet. 1450390102. 48

Glänzel, W. and Czerwon, H. J. (1996). A new methodological approach to bibliographic coupling and its application to the national, regional and institutional level. *Scientometrics*, 37, 195 – 221. DOI: 10. 1007/BF02093621. 25

Goodman, D. (2007). Update on Scopus and Web of Science. *The Charleston Advisor*, 8 (3), 15. 79 Goodrum, A. A. , McCain, K. W. , Lawrence, S. , and

Giles, C. L. (2001). Scholarly publishing in the

Internet age: A citation analysis of computer science literature. *Information Processing and Management*, 37, 661 – 675. DOI: 10. 1016/S0306 – 4573 (00)00047 – 9. 96, 97

Griffith, B. C. (1990). Understanding science: Studies of communication and information. In C. L. Borgman (ed.), *Scholarly communication and bibliometrics* (pp. 31 – 45). Newbury Park, CA: Sage Publications, Inc. 12

Gross, T., and Taylor, A. G. (2005). What have we got to lose?: The effect of controlled vocabu – lary on keyword searching results. *College and Research Libraries*, 66(3), 212 – 230. DOI: 10. 5860/crl. 66. 3. 212. 67

Gu, Y. N. (2004). Global knowledge management research: A bibliometric analysis. *Scientometrics*, 61 (2), 171 – 190. DOI: 10. 1023/B: SCIE. 0000041647. 01086. f4. 63

Hair, J. F., Anderson, R. E., Tatham, R. L., and Black, W. C. (1998). *Multivariate data analysis* (5th ed.). Upper Saddle River, NJ: Prentice Hall. 42, 45, 55, 130, 131

Harter, S. P. and Kim, H. K. (1996). Electronic Journals and Scholarly Communication: A Citation and Reference Study. *Proceedings of the Midyear Meeting of the American So – ciety for Information Science*, San Diego, CA, May 20 – 22, 1996, pp. 299 – 315. DOI: 10. 3998/3336451. 0003. 212. 15

Harzing, A. (2008). *Google Scholar: A new data source for citation analysis. Publish or Perish*. Available online: http://www. harzing. com/pop_gs. htm. 96, 98

Harzing, A. (2013). A preliminary test of Google Scholar as a source for citation data: a longi – tudinal study of Nobel Prize winners. *Scientometrics*, 94(3), 1057 – 1075. DOI: 10. 1007/ s11192 – 012 – 0777 – 7. 96

Hemminger, B. M., Lu, D., Vaughan, K. T. L., Adams, S. J. (2007). Information seeking behavior of academic scientists. *Journal of the American Society for Information Science and Technology*, 58 (14), 2205 – 2225. DOI: 10. 1002/asi. 20686. 7

Henzinger, M., and Lawrence, S. (2004). Extracting knowledge from the World Wide Web. *Pro – ceedings of the National Academy of Sciences of the United States of America* 101 (Suppl. 1), 5186 – 5191. DOI: 10.1073/pnas.0307528100. 47

Henzinger, M., Sunol, J., and Weber, I. (2010). The stability of the h – index. *Scientometrics*, 84(2), 465 – 479. DOI: 10.1007/s11192 – 009 – 0098 – 7. 64

Herlach, G. (1978). Can retrieval of information from citation indexes be simplified? Multiple mention of a reference as a characteristic of the link between cited and citing article. *Journal of the American Society for Information Science*, 29, 308 – 310. DOI: 10.1002/asi.4630290608. 91

Hicks, D. (1987). Limitations of co – citation analysis as a tool for science policy. *Social Studies of Science*, 17, 295 – 316. DOI: 10.1177/030631287017002004. 5

Hirsch, J. E. (2005). An index to quantify an individual's scientific research output. *Proceedings of the National Academy of Sciences of the United States of America*, 102(46), 16569 – 16572. DOI: 10.1073/pnas.0507655102. 59

Hitchcock, S., Carr, L., Harris, S., Hey, J. M. N., and Hall, W. (1997). Citation linking: Improving access to online journals. *Proceedings of the 2nd ACM International Conference on Digital Libraries*, 1997, 115 – 122. DOI: 10.1145/263690.263804. 8

Hitchcock, S., Carr, L., Jiao, Z., Bergmark, D., Hall, W., Lagoze, C., and Harnad, S. (2000). De – veloping services for open eprint archives: Globalization, integration and the impact of links. Retrieved from http://opcit.eprints.org/dl00/dl00.html. 8

Hjørland, B. (2013). Citation analysis: A social and dynamic approach to knowledge organi – zation. *Information Processing & Management*, 49 (6), 1313 – 1325. DOI: 10.1016/j.ipm.2013.07.001. 9

Hou, W., Li, M., and Niu, D. (2011). Counting citations in texts rather than reference lists to improve the accuracy of assessing scientific contribution. *BioEssays*, 33, 724 – 727. DOI: 10.1002/bies.201100067. 15

Hu, X., Zhao, D., and Strotmann, A. (2013). Mapping molecular association networks of nervous system diseases via large - scale analysis of published research. To appear in *PLOS ONE*. DOI: 10.1371/journal.pone.0067121. 47, 48, 146

Huang, M. H., and Chang, Y. W. (2012). A comparative study of interdisciplinary changes between information science and library science. *Scientometrics*, 91 (3), 789 - 803. DOI: 10.1007/s11192 - 012 - 0619 - 7. 8

Ingwersen, P. (1998). The calculation of Web impact factors. *Journal of Documentation*, 54, 236 - 243. DOI: 10.1108/EUM0000000007167. 18

Jarneving, B. (2005). A comparison of two bibliometric methods for mapping of the research front. *Scientometrics*, 65, 245 - 263. DOI: 10.1007/s11192 - 005 - 0270 - 7. 38

Jarneving, B. (2007). Bibliographic coupling and its application to research - front and other core documents. *Journal of Informetrics*, 1, 287 - 307. DOI: 10.1016/j.joi.2007.07.004. 38

Jeong, Y. K., Song, M., and Ding, Y. (2014). Content - based author co - citation analysis. *Journal of Informetrics*, 8, 197 - 211. DOI: 10.1016/j.joi.2013.12.001.

Kayongo, J. and Helm, C. (2012). Relevance of library collections for graduate student research: A citation analysis study of doctoral dissertations at Notre Dame. *College and Research Libraries*, 73, 47 - 67. DOI: 10.5860/crl - 211. 8

Keen, P. G. W. (1987). MIS research: current status, trends and needs. In R. A. Buckingham, R.

A. Hirschheim, F. F. Land, and C. J. Tully (eds.), Information systems education: recom - mendations and implementation (pp. 1 - 13). Cambridge: Cambridge University Press. 13

Kessler, M. M. (1963). Bibliographic coupling between scientific papers. *American Documentation*, 14, 10 - 25. DOI: 10.1002/asi.5090140103. 38

Klavans, R., and Boyack, K. W. (2006). Quantitative evaluation of large maps of science. *Scientomet - rics*, 68(3), 475 - 499. DOI: 10.1007/s11192 - 006 - 0125 - x.

Klavans, R. , and Boyack, K. W. (2011). Using global mapping to create more accurate docu – ment – level maps of research fields. *Journal of the American Society for Information Science and Technology*, 62 (1), 1 – 18. DOI: 10. 1002/asi. 21444. 122

Kohl, D. F. , and Davis, C. H. (1985). Ratings of journals by ARL library directors and deans of library and information science schools. *College and Research Libraries*, 46, 40 – 47. DOI: 10. 5860/crl_46_01_40.

Kreuzman, H. (2001). A co – citation analysis of representative authors in philosophy: Examining the relationship between epistemologists and philosophers of science. *Scientometrics*, 51, 525 – 539. DOI: 10. 1023/A: 1019647103469. 43, 46

Lange, L. L. (2001). Citation counts of multi – authored papers – First – named authors and further authors. *Scientometrics*, 52, 457 – 470. DOI: 10. 1023/A: 1014299917063. 29

Larivière, V. , Sugimoto, C. R. , and Cronin, B. (2012). A bibliometric chronicling of library and information science's first hundred years. *Journal of the American Society for Information Science and Technology*, 63, 997 – 1016. DOI: 10. 1002/asi. 22645. 62

Lawrence, S. (2001). Online or invisible? *Nature*, 411(6837), 521. DOI: 10. 1038/35079151. 96 Lenk, P. (1983). Mapping of fields based on nominations. *Journal of the American Society for Infor – mation Science*, 34, 115 – 122. DOI: 10. 1002/asi. 4630340204. 13

Levitt, J. , and Thelwall, M. (2009a). The most highly cited Library and Information Science articles: Interdisciplinarity, first authors and citation patterns. *Scientometrics*, 78(1), 45 – 67. DOI: 10. 1007/s11192 – 007 – 1927 – 1. 62

Levitt, J. , and Thelwall, M. (2009b). Citation levels and collaboratin within library and information science. *Journal of the American Society for Information Science and Technology*, 60(3), 434 – 442. DOI: 10. 1002/asi. 21000. 62

Levitt, J. , Thelwall, M. , and Oppenheim, C. (2011). Variations between subjects in the extent to which the social sciences have become more interdisciplinary. *Journal of the American Soci - ety for Information Science and Technology*, 62 (6), 1118 - 1129. DOI: 10. 1002/asi. 21539. 62

Ley, M. (2002). The DBLP computer science bibliography. *Lecture Notes in Computer Science*, 2476, 1 - 10. DOI: 10. 1007/3 - 540 - 45735 - 6_1. 108Ley, M. (2012). Personal communication. 108

Leydesdorff, L. (2006). Can scientific journals be classified in terms of aggregated journal - journal citation relations using the Journal Citation Reports? *Journal of the American Society for Information Science and Technology*, 57(5), 601 - 613. DOI: 10. 1002/asi. 20322. 71

Leydesdorff, L. (2007). Betweenness centrality as an indicator of the interdisciplinarity of scientific journals. *Journal of the American Society for Information Science and Technology*, 58 (9), 1303 - 1319. DOI: 10. 1002/asi. 20614. 47

Leydesdorff, L. (2008). Caveats for the use of citation indicators in research and journal evalua - tions. *Journal of the American Society for Information Science and Technology*, 59(2), 278 - 287. DOI: 10. 1002/asi. 20743. 17, 27

Leydesdorff, L., and Bornmann, L. (2011). How fractional counting of citations affects the impact factor: Normalization in terms of differences in citation potentials among fields of sci - ence. *Journal of the American Society for Information Science and Technology*, 62: 217 - 229. DOI: 10. 1002/asi. 21450. 26, 31

Leydesdorff, L., and Rafols, I. (2009). A global map of science based on the ISIsubject categories. *Journal of the American Society for Information Science and Technology*, 60(2), 348 - 362. DOI: 10. 1002/asi. 20967. 27

Leydesdorff, L., and Vaughan, L. (2006). Co - occurrence matrices and their applications in infor - mation science: Extending ACA to the web environment. *Journal of the American Society for Information Science and Technology*, 57(12), 1616 - 1628. DOI: 10. 1002/asi. 20335. 41, 45, 46, 66

Lievrouw, L. A. (1990). Reconciling structure and process in the study of scholarly communication. In C. L. Borgman (ed.), *Scholarly communication and bibliometrics* (*pp*. 59 – 69). Newbury Park, CA: Sage Publications, Inc. 11

Lievrouw, L. A., Rogers, E. M., Lowe, C. U., and Nadel, E. (1987). Triangulation as aresearch strategy for identifying invisible colleges among biomedical sciences. *Social Networks*, 9, 217 – 238. DOI: 10. 1016/0378 – 8733(87)90021 – 9. 11

Lin, X., White, H. D., and Buzydlowski, J. W. (2003). Real – time author co – citation mapping for online searching. *Information Processing and Management*, 39(5), 689 – 706. DOI: 10. 1016/ S0306 – 4573(02)00037 – 7.

Lindsey, D. (1980). Production and citation measures in the sociology of science: the problem of multi – ple authorship. *Social Studies of Science*, 10, 145 – 162. DOI: 10. 1177/030631278001000202. 68, 73

Liu, M. X.. (1993). The complexities of citation practice: A review of citation studies. *Journal of Documentation*, 49: 370 – 408. DOI: 10. 1108/eb026920. 12

Liu, N. C. and Cheng, Y. (2005). The academic ranking of world universities. *Higher Education in Europe*, 30(2), 127 – 136. DOI: 10. 1080/03797720500260116. 71

Long, J. S., McGinnis, R. and Allison, P. D. (1980). The problem of junior – authored pa – pers in constructing citation counts. *Social Studies of Science*, 10, 127 – 143. DOI: 10. 1177/030631278001000201. 68

MacRoberts, M. H., and MacRoberts, B. R. (1989). Problems of citation analysis: A critical re – view. *Journal of the American Society for Information Science*, 40, 342 – 349. DOI: 10. 1002/ (SICI)1097 – 4571(198909)40:5 <342::AID – ASI7>3. 0. CO;2 – U. 12, 13, 14, 15, 68, 69, 71, 89

Marris, E. (2006). 2006 Gallery: Brilliant display. *Nature*, 444, 985 – 991. DOI: 10. 1038/444985a.

Marshakova, I. V. (1973). A system of document connections based on references. *Scientific and Technical Information Serial of VINITI*, 6, 3 – 8. 5, 33

McCain, K. W. (1984). Longitudinal author cocitation mapping: the changing structure of mac – roeconomics. *Journal of the American Society for Information Science*,35,351 –359. DOI: 10. 1002/asi. 4630350607. 5

McCain, K. W. (1986). Cocited author mapping as a valid representation of intellectual struc – ture. *Journal of the American Society for Information Science*,37,111 –122. DOI: 10. 1002/ (SICI)1097 –4571(198605)37:3 < 111::AID – ASI2 >3. 0. CO;2 – D. 13,14,52

McCain, K. W. (1988). Evaluating cocited author search performance in a collaborative specialty. *Journal of the American Society for Information Science*,39,428 –431. DOI: 10. 1002/ (SICI)1097 –4571(198811)39:6 < 428::AID – ASI7 >3. 0. CO;2 – P. 68

McCain,K. W. (1990a). Mapping authors in intellectual space: Population genetics in the 1980s. In C. L. Borgman (ed.), *Scholarly communication and bibliometrics* (pp. 194 –216). Newbury Park,CA: Sage. 26,42

McCain, K. W. (1990b). Mapping authors in intellectual space: A technical overview. *Journal of the American Society for Information Science*,41,433 – 443. DOI: 10. 1002/(SICI) 1097 – 4571 (199009) 41:6 < 433:: AID – ASI11 >3. 0. CO;2 – Q. 21,25,35,43,44,48,52,54,131

McCain,K. W. (1991). Mapping economics through the journal literature: An experiment in journal cocitation analysis. *Journal of the American Society for Information Science*,42(4),290 – 296. DOI: 10. 1002/(SICI)1097 – 4571 (199105)42:4 <290::AID – ASI5 >3. 0. CO;2 –9.

McCain,K. W. (2011). Eponymy and obliteration by incorporation: The case of the "Nash Equi – librium." *Journal of the American Society for Information Science and Technology*,62(7),1412 –1424. DOI: 10. 1002/asi. 21536. 6

McCain,K. W. ,and Salvucci,L. J. (2006). How influential is Brooks' Law: A longitudinal citation context analysis of Frederick Brooks 'The Mythical Man –Month.' *Journal of Information Science*,32,277 –295. DOI: 10. 1177/0165551506064397. 7

Meester, W. (2013). Towards a comprehensive citation index for the arts and humanities. *Research Trends*, 32. Retrieved from http://www. researchtrends. com/issue - 32 - march - 2013/to - wards - a - comprehensive - citation - index - for - the - arts - humanities/. 78

Meho, L. I., and Sonnenwald, D. H. (2000). Citation ranking versus peer evaluation of se - nior faculty research performance: A case study of Kurdish scholarship. *Journal of the American Society for Information Science*, 51, 123 - 138. DOI: 10. 1002/(SICI) 1097 - 4571 (2000) 51:2 < 123::AID - ASI4 > 3. 0. CO;2 - N. 3

Meho, L. I., and Spurgin, K. M. (2005). Ranking the research productivity of library and infor - mation science faculty and schools: An evaluation of data sources and research methods. *Journal of the American Society for Information Science and Technology*, 56(12), 1314 - 1331. DOI: 10. 1002/asi. 20227. 64

Meho, L. I., andYang, K. (2007). Impact of data sources on citation counts and rankings of LIS faculty: Web of Science versus Scopus and Google Scholar. *Journal of the American Society for Information Science and Technology*, 58, 2105 - 2125. DOI: 10. 1002/asi. 20677. 64, 66, 96

Merton, R. K. (1942). Science and technology in a democratic order. *Journal of Legal and Political Sociology*, 1, 115 - 126. 12

Milojevi, S. (2013). Accuracy of simple, initials - based methods for author name disambigua - tion. *Journal of Informetrics*, Volume 7, Issue 4, October 2013, Pages 767 - 773. DOI:10. 1016/j. joi. 2013. 06. 006. 112

Moed, H. F. (2010). *Citation analysis in research evaluation* (2nd ed.). Dordrecht: Springer. 3, 4, 19, 65, 66, 68, 71, 73, 89

Moed, H. F., and Vriens, M. (1989). Possible inaccuracies occurring in citation analysis. *Journal of Information Science*, 15, 95 - 107. DOI: 10. 1177/01-6555158901500205. 13

Morris, S. A., and Van der Veer Martens, B. (2009). Mapping research specialties. *Annual Review of Information Science and Technology*, 42, 213 - 295. DOI: 10. 1002/aris. 2008. 1440420113. 49

Morris, S., and Yen, G. (2004). Crossmaps: Visualization of overlapping relationships in collections of journal papers. *Proceedings of the National Academy of Sciences of the United States of America*, 101 (Supplement 1), 5291 – 5296. Available online: http://www. pnas. org/con – tent/101/suppl. 1/5291. full. DOI: 10. 1073/pnas. 0307604100. 47

Mullins, N. C. (1973). *Theory and theory groups in contemporary American sociology*. New York: Harper and Row. DOI: 10. 1002/1520 – 6696 (197510)11:4 <405::AID – JHBS2300110415 >3. 0. CO;2 – 1. 11

Mullins, N. C., Hargens, L. L., Hecht, P. K., and Kick, E. L. (1977). The group structure of coc – itation clusters: A comparative study. *American Sociological Review*, 42, 552 – 562. DOI: 10. 2307/2094554. 11, 13, 14

Mutschke, P. (2013). Anomaly detection in centrality computations. *Presentation at XXXIII Inter – national Sunbelt Social Network Conference*, Hamburg, Germany, May 2013. 112

Narin, F. (1976). *Evaluative bibliometrics: the use of publication and citation analysis in the evaluation of scientific activity*. Cherry Hill, NJ: Computer Horizons. 90, 91, 97

Nicolaisen, J. Citation analysis. (2007). *Annual Review of Information Science and Technology*, 41: 609 – 641. DOI: 10. 1002/aris. 2007. 1440410120. 12, 14

Nisonger, T. E., and Davis, C. H. (2005). The perception of library and information science journals by LIS education deans and ARL library directors: A replication of the Kohl – Davis study. *College and Research Libraries*, 66, 341 – 377. DOI: 10. 5860/crl. 66. 4. 341.

O' Rand, A. M. (1992). Mathematizing social science in the 1950s: The early development and diffusion of game theory. In Weintraub, R. E. (ed.), *Toward a history of game theory* (pp. 107 – 205). Durham, NC: Duke University Press. DOI: 10. 1215/00182702 – 24 – Supple – ment – 177. 6

Oehler, K. (1990). Speaking axiomatically: Citation patterns to early articles in general equilibrium theory. *History of Political Economy*, 22 (1), 101 – 112. DOI: 10. 1215/00182702 – 22 – 1 – 101. 6

OpenURL. (2009). OCLC Research. Retrieved fromhttp://www. oclc. org/research/activities/ openurl. html? urlm = 159705.

Osareh, F. (1996). Bibliometrics, citation analysis and co – citation analysis: A review of literature II.

Libri, 46, 217 – 225. DOI: 10. 1515/libr. 1996. 46. 4. 217. 14, 68

Otte, Evelien, and Rousseau, R. (2002). Social network analysis: A powerful strategy, also for the information sciences. *Journal of Information Science*, 28: 441 – 453. DOI: 10. 1177/016555150202800601. 18

Peritz, B. C. (1992). On the objectives of citation analysis: Problems of theory and method. *Journal of the American Society for Information Science*, 43, 448 – 451. DOI: 10. 1002/(SICI)1097 – 4571(199207)43:6 <448::AID – ASI5 > 3. 0. CO;2 – 9. 3, 12

Persson, O. (1994). The intellectual base and research fronts of JASIS 1986 – 1990. *Journal of the American Society for Information Science*, 45, 31 – 38. DOI: 10. 1002/(SICI)1097 – 4571(199401)45:1 <31::AID – ASI4 > 3. 0. CO;2 – G. 38, 65

Persson, O. (2001). All author citations versus first author citations. *Scientometrics*, 50(2), 339 – 344. DOI: 10. 1023/A:1010534009428.

Ponzi, L. J. (2002). The intellectual structure and interdisciplinary breadth of Knowledge Man – agement: A bibliometric study of its early stage of development. *Scientometrics*, 55 (2), 259 – 272. DOI: 10. 1023/A:1019619824850. 63

Porter, A., Zhang, Y., and Newman, N. (2013). Topic extraction methods. *Workshop at The 14th the International Society for Scientometrics and Informetrics Conference*. July 15 – 19, 2013. Vienna, Austria. 41

Price, D. J. S. (1963). Big science, little science. Columbia University, New York. 7

Qiu, J. (2008). Scientific publishing – identity crisis. *Nature*, 451, 766 – 767. DOI: 10. 1038/451766a.

Rauhvargers, A. (2011). Global university rankings and their impact. Retrieved fromhttp://www. eua. be/Libraries/Publications _ homepage _ list/Global _ University_Rankings_and_Their_ Impact. sflb. ashx. 17,71

Reinsfelder, T. L. (2012). Citation analysis as a tool to measure the impact of individual research consultations. *College and Research Libraries*,73(3),263 - 277. DOI: 10. 5860/crl - 261. 7

Rice, R. E., Borgman, C. L., Bednarski, D., and Hart, P. J. (1989). Journal - to - journal citation data: Issues of validity and reliability. *Scientometrics*,15,257 - 282. DOI: 10. 1007/BF02017202. 13

Rogers, E. M. and Cottrill, C. A. (1990). An author co - citation analysis of two research traditions: Technology transfer and the diffusion of innovations. In C. L. Borgman (ed.),*Scholarly communication and bibliometrics* (pp. 157 - 165). Newbury Park,CA: Sage. 6

Rosengren, K. E. (1968). *Sociological Aspects of the Literary System.* Stockholm: Natur och Kultur. Rousseau, R. (1997). Sitations: an exploratory study. *Cybermetrics*,1(1). Retrieved from http://www.

cindoc. csic. es/cybermetrics/articles/v1i1p1. html. 18

Rousseau, R., and Zuccala, A. (2004). A classification of author co - citations: Definitions and search strategies. *Journal of the American Society for Information Science and Technology*, 55 (6), 513 - 529. DOI: 10. 1002/asi. 10401. 36

Rousseau, R., Garcia - Zorita, C., and Sanz - Casado, E. (2013). The h - bubble. *Journal of Informetrics*, 7 (2), 294 - 300. DOI: 10. 1016/ j. joi. 2012. 11. 012. 19,59

Rowley, J. (1994). The controlled versus natural indexing languages debate revisited: a perspec - tive on information retrieval practice and research. *Journal of Information Science*,20(2),108 - 118. DOI: 10. 1177/016555159402000204. 67

Rudd, E. (1977). The effect of alphabetical order of author listing on the careers of scientists. *Social Studies of Science*,7,268 - 269. DOI: 10. 1177/030631277-700700208. 73

Saracevic,T. (1975). Relevance: A review of and a framework for the thinking on the notion in information science. *Journal of the American Society for Information Science*,26(6),321 –343. DOI: 10.1002/asi.4630260604. 67

Sarafoglou,N. ,and Paelinck,J. (2008). On diffusion ofideas in the academic world: The case of spatial econometrics. *The Annals of Regional Science*, 42 (2), 487 – 500. DOI: 10.1007/ s00168 –007 –0162 –2.7

Schneider,J. W. ,and Borlund,P. (2004). Introduction to bibliometrics for construction and main – tenance of thesauri: Methodical considerations. *Journal of Documentation*,60(5),524 –549. DOI: 10.1108/00220410410560609. 9

Schneider,J. W. ,Larsen,B. ,and Ingwersen,P. (2009). A comparative study of first and all – author co – citation counting, and two different matrix generation approaches applied for author co – citation analyses. *Scientometrics*, 80 (1), 103 –130. DOI: 10.1007/s11192 –007 –2019 –y. 45

Schneider,J. ,and Borlund,P. (2004). Introduction to bibliometrics for construction and main – tenance of thesauri: Methodological considerations. *Journal of Documentation* 60(5),524 –549. DOI: 10.1108/00220410410560609.

SciVerse. (2012). *Content coverage guide*. Retrieved from http://files.sciverse.com/documents/pdf/ ContentCoverageGuide –jan –2013.pdf. 77,78,83

Scopus. (2004). *Terms and Conditions*. Available at http://www.scopus.com/scopus/standard/term – sandconditions.url. 86

Scopus Help. (2013). *SciVerse*. Retrieved from http://help.scopus.com/. 76

Shaw,W. M. (1985). Critical thresholds in co –citation graphs. *Journal of the American Society for Information Science*,36,38 –43. DOI: 10.1002/asi.4630360104. 5

Shiffrin,R. M. ,and Börner,K. (2004). Mapping knowledge domains. *Proceedings of the National Academy of Sciences of the United States of America*, 101 (Suppl. 1),5183 –5185. DOI: 10.1073/pnas.0307852100. 47

Smalheiser, N. R. and Torvik, V. I. (2009). Author name disambiguation. *Annual Review of Information Science and Technology* (B. Cronin, Ed.),43,287 – 313. DOI: 10.1002/ aris.2009.1440430113. 113

Small, H. (1973). Cocitation in the scientific literature: A new measure of the relationship between two documents. *Journal of the American Society for Information Science*, 24, 265 – 269. DOI: 10. 1002/asi. 4630240406. 5, 33

Small, H. (1974). Multiple citation patterns in science literature: The circle and hill models. *In – formation Storage and Retrieval*, 10, 393 – 402. DOI: 10. 1016/0020 – 0271(74)90046 – 1. 5

Small, H. (1976). Structural dynamics of scientific literature. *International Classification*, 3(2), 67 – 74. 12

Small, H. (1977). A co – citation model of a scientific specialty: A longitudinal study of collagen research. *Social Studies of Science*, 7, 211 – 238. DOI: 10. 1177/030631277700700202. 5, 14, 47

Small, H. G. (1978). Cited Documents as Concept Symbols. *Social Studies of Science* 8 (3) p. 327 – 340. 6

Small, H. (1981). The relationship of information science to the social sciences: A co – citation analysis. *Information Processing and Management*, 17, 39 – 50. DOI: 10. 1016/0306 – 4573(81)90040 – 6. 5

Small, H. (1982). Citation context analysis. In B. J. Dervin and M. J. Voigt (eds.), *Progress in com – munication sciences* (Vol. 3, pp. 287 – 310). Norwood, NJ: Ablex. 90, 97

Small, H. (1998). Citations and consilience in science. *Scientometrics*, 43(1), 143 – 148. DOI: 10. 1007/BF02458403. 6

Small, H. (1999a). On the shoulders of giants. *Bulletin of the American Society for Information Science*, 25(2), 23 – 25. 21

Small, H. (1999b). Visualizing science by citation mapping. *Journal of the American Society for In – formation Science*, 50, 799 – 813. DOI: 10. 1002/(SICI)1097 – 4571(1999)50:9 <799::AID – ASI9 >3. 0. CO;2 – G. 2, 4, 5, 40

Small, H., and Greenlee, E. (1980). Citation context analysis of a co – citation cluster: Recombi – nant – DNA. *Scientometrics* 2 (4), 277 – 301. DOI: 10. 1007/BF02016349. 6

Small, H. , and Sweeney, E. (1985). Clustering the Science Citation Index using co - citations: I. A comparison of methods. *Scientometrics*, 7(3 - 6), 391 - 409. DOI: 10.1007/BF02017157. 26

Smart, J. C. , and Bayer, A. E. (1986). Author collaboration and impact: A note on citation rates of single and multiple authored articles. *Scientometrics*, 10(5 - 6), 297 - 305. DOI: 10.1007/ BF02016776. 29

Smith, L. C. (1981). Citation analysis. *Library Trends*, 30, 83 - 106. 14, 15, 68, 89

Sonnenwald, D. H. (2008). Scientific collaboration. *Annual Review of Information Science and Tech - nology*, 41, 643 - 681. DOI: 10.1002/aris. 2007. 1440410121. 37, 73

Spärck Jones, K. (1999). Automatic summarizing: Factors and directions. In I. Mani and M. T. Maybury (Eds.), *Advances in automatic text summarization* (pp. 2 - 12). Cambridge, MA: MIT Press. DOI: 10.1016/j. ipm. 2007. 03. 009. 9

Sternitzke, C. (2009). Patents and publications as sources of novel and inventive knowledge. *Scien - tometrics* 79(3), 551 - 561. DOI: 10.1007/s11192 - 007 - 2041 - 0. 10

Stokes, T. D. and Hartley, J. A. (1989). Coauthorship, social structure and influence within special - ties. *Social Studies of Science*, 19, 101 - 125. DOI: 10.1177/030631289019001003. 68

Strotmann, A. , and Bleier, A. (2013). Author name co - mention analysis: Testing a poor man's author co - citation analysis method. *Proceedings of the 14th International Society for Scien - tometrics and Informetrics Conference*, July 2013, Vienna, Austria. 41, 90

Strotmann, A. , and Bubela, T. (2010). Does commercialization impact academic collaboration? The usefulness of sensitive science and technology indicators. *Eleventh International Confer - ence on Science and Technology Indicators*, Leiden, the Netherlands, 9 - 11 September 2010. 112

Strotmann, A. , and Zhao, D. (2008). Bibliometric maps for aggregated visual browsing in digital libraries. *Proceedings of The SIGIR 2008 Workshop on Aggregated Search*, July 24, 2008, Singapore. 9

Strotmann, A., and Zhao, D. (2012). Author name disambiguation: What difference does it make in author - based citation analysis? *Journal of the American Society for Information Science and Technology*, 63 (9), 1820 - 1833. DOI: 10. 1002/asi. 22695. 55, 94, 106, 107, 114, 115, 129, 138, 139, 141

Strotmann, A., Zhao, D., and Bubela, T. (2009a). A multi - database approach to field delineation. *Proceedings of the 12th International Conference of the International Society for Scientometrics and Informetrics* (pp. 631 - 635), July 14 - 17, 2009, Rio de Janeiro, Brazil.

Strotmann, A., Zhao, D., and Bubela, T. (2009b). Author name disambiguation for collaboration network analysis and visualization. *Proceedings of The American Society for Information Sci - ence and Technology 2009 Annual Meeting*, November 6 - 11, 2009, Vancouver, BC, Canada. DOI: 10. 1002/meet. 2009. 1450460218. 37, 113, 115

Strotmann, A., Zhao, D., and Bubela, T. (2010). Combining commercial and Open Access citation databases to delimit highly interdisciplinary research fields for citation analysis studies. *Journal of Informetrics*, 4 (2), 194 - 200. DOI: 10. 1016/j. joi. 2009. 12. 001. 66, 84, 89, 112, 114

Strotmann, A., Zhao, D., and Mathiak, B. (2013). Was the 2012 Nobel Prize in medicine awarded for a Kuhnian paradigm shift? *Proceedings of the 13th International Symposium on Informa - tion Science* (pp. 192 - 197), March 19 - 22, 2013, Potsdam, Germany. 62

Strotmann, A., Sawitzki, F., Mayr, P. (2012). How to build your own citation index: First - hand experience with Web of Science, Scopus, and CSA reference data. Oral presenta - tion at the *2nd Global TechMining Conference*, Montréal, Quebec, Canada, Sept. 05, 2012 (Satellite conference of Science and Technology Indicators (STI) 2012). DOI: 10. 13140/2. 1. 2908. 3528. 115

Strotmann, A., Sawitzki, F., Mayr, P. (2013). Toward a semantic citation index for the German so - cial sciences. Oral presentation at *Bibliometrie 2012: Bibliometric Standards in the Sciences, Social Sciences, and Humanities:*

Current State and Future Trends. Regensburg, Germany, Sept. 18 – 22,2012. 115

Sullivan, D. , Koester, D. , White, D. H. , and Kern, R. (1980). Understanding rapid theoretical change in particle physics: A month – by – month co – citation analysis. *Scientometrics*, 2, 309 – 319. DOI: 10. 1007/BF02016351. 13

Sullivan, D. , White, H. D. , and Barboni, E. J. (1977). Co – citation analyses of science: An evaluation. *Social Studies of Science*, 7, 223 – 240. DOI: 10. 1177/030631277700700205. 5, 13

Suomela, B. P. , and Andrade, M. A. (2005). Ranking the whole MEDLINE database according to a large training set using text indexing. *BMC Bioinformatics*, 6, 75, DOI: 10. 1186/1471 – 2105 – 6 – 75. 84, 85

Swanson, D. R. (1986). Undiscovered public knowledge. *Library Quarterly*, 56(2), 103 – 118. 2 Tarrant, D. , Carr, L. , and Payne, T. (2008). Releasing the power of digital metadata: Examining

large networks of co – related publications. At *Joint Conference on Digital Libraries*, June 16 – 19, 2008, Pittsburgh, PA, USA. DOI: 10. 1007/978 – 3 – 540 – 87599 – 4_18. 96

Testa, J. (2012). The Thomson Reuters journal selection process. Web of Knowledge. Retrieved from http://wokinfo. com/essays/journal – selection – process/. 69

Teufel, S. , Siddharthan, A. , and Tidhar, D. (2006). Automatic classification of citation function. *Proceedings of the 2006 Conference on Empirical Methods in Natural Language Processing* (pp. 103 – 110), Stroudsburg, PA, USA. Association for Computational Linguistics. DOI: 10. 3115/1610075. 1610091.

THE Methodology: The essential elements in our world – leading formula. (2013). *THE World University Rankings*. Retrieved from http://www. timeshighereducation. co. uk/world – uni – versity – rankings/2012 – 13/world – ranking/methodology. 4, 65

The Open Citation Project [Website]. (2009). Retrieved fromhttp://

opcit. eprints. org.

Thelwall, M., Vaughan, L., and Björneborn, L. (2005). Webometrics. *Annual Review of Information Science and Technology*, 39, 81 – 135. DOI: 10.1002/aris. 1440390110. 47

Torvik, V. I. and Smalheiser, N. R. (2009). Author name disambiguation in MEDLINE. *ACM Transactions on Knowledge Discovery from Data*, 3(3) DOI: 10.1145/1552303.1552304. DOI: 10.1145/1552303.1552304. 107, 113

Torvik, V. I., Weeber, M., Swanson, D. R., and Smalheiser, N. R. (2005). A probabilistic similarity metric for Medline records: A model for author name disambiguation. *Journal of the American Society for Information Science and Technology*, 56(2), 140 – 158. DOI: 10.1002/ asi. 20105.

Trancy, K. E. (1980). Norms of inquiry: Rationality, consistency requirements and normative con – flict. In R. Hilpinen (ed.), *Rationality in science* (pp. 191 – 202). Dordrecht: Reidel. DOI: 10.1007/978 – 94 – 009 – 9032 – 6_13. 12

Tseng, Y. – H., and Tsay, M. – Y. (2013). Journal clustering of library and information science for subfield delineation using the bibliometric analysis toolkit: CATAR. *Scientometrics*, 95(2), 503 – 528. DOI: 10.1007/s11192 – 013 – 0964 – 1. 62

United States Patent and Trademark Office [Website]. (2010). Retrieved fromhttp://patft. uspto. gov/.

Van de Sompel, H., and Beit – Arie, O. (2001). Open linking in the scholarly information en – vironment using the OpenURL framework. *D – Lib Magazine*, 7(3). Retrieved from http://www. dlib. org/dlib/march01/vandesompel/03vandesompel. html. DOI: 10.1045/ march2001 – vandesompel. 8

Van der Veer Martens, B., and Goodrum, A. A. (2006). The diffusion of theories: A functional approach. *Journal of the American Society for Information Science and Technology*, 57(3), 330 – 341. DOI: 10.1002/asi. 20285. 7

VanEck, N. J., Waltman, L., Dekker, R., and Van den Berg, J. (2010). A comparison of two techniques for bibliometric mapping: Multidimensional scaling and VOS. *Journal of the American Society for Information Science and Technology*,61(12),2405 –2416. DOI: 10. 1002/asi. 21421. 124,126,127

VanEck,N. J. ,Waltman,L. ,Van Berg,J. D. (2005). A novel algorithm for visualizing concept associations. *Proceedings of the 16th International Workshop on Database and Expert Systems Applications* (DEXA'05) (pp. 405 –409),August 22 –26, 2005,Copenhagen,Denmark. DOI: 10. 1109/DEXA. 2005. 23. 47

VanHooydonk, G. (1997). Fractional counting of multiauthored publications: consequences for the impact of authors. *Journal of the American Society for Information Science*, 48, 944 – 945. DOI: 10. 1002/(SICI)1097 – 4571 (199710)48:10 <944::AID – ASI8 >3. 3. CO;2 – K.

VanLeeuwen,T. N. ,Moed,H. F. ,Tijssen,R. J. W. ,Visser,M. S. ,and van Raan, A. F. J. (2001). Language biases in the coverage of the Science Citation Index and its consequences for international comparisons of national research performance. *Scientometrics*,51(1),335 –346. DOI: 10. 1023/A:10105497-19484. 17,71

VanRaan,A. F. J. (1996). Advanced bibliometric methods as quantitative core of peer review based evaluation and foresight exercises. *Scientometrics*,36,397 – 420. DOI: 10. 1007/ BF02129602. 61

Virgo,J. A. (1977). A statistical procedure for evaluating the importance of scientific papers. *The Library Quarterly*,47,415 –430. DOI: 10. 1086/620723. 13

VonNeumann,J. ,and Morgenstern,O. (1944). *A theory of games and economic behavior.* Princeton: Princeton University Press. 6

Wagner,C. S. ,and Leydesdorff,L. (2005). Network structure,self – organization, and the growth of international collaboration in science. *Research policy* 34 (10),1608 –1618. DOI: 10. 1016/j. respol. 2005. 08. 002. 47

Waltman,L. ,Calero – Medina,C. ,Kosten,J. ,Noyons,E. C. M. ,Tijssen,R. J. W. , van Eck,N. J. ,van Leeuwen,T. N. ,van Raan,A. F. J. ,Visser,M. S. ,and Wouters,P. (2012). The Leiden Ranking 2011/2012: Data collection, indicators, and interpretation. *Journal of the Amer – ican Society for*

Information Science and Technology, 63 (12), 2419 – 2432. DOI: 10. 1002/ asi. 22708.

What does Scopus cover? (2013). *SciVerse*. Retrieved from http://www. info. sciverse. com/ scopus/ scopus – in – detail/facts.

White, H. D. (1983). A cocitation map of the social indicators movement. *Journal of the American Society for Information Science*, 34, 307 – 312. DOI: 10. 1002/ asi. 4630340502. 5, 13

White, H. D. (1990) . Author co – citation analysis: Overview and defense. In C. L. Borgman (ed.), *Scholarly communication and bibliometrics* (pp. 84 – 106). Newbury Park, CA: Sage. 6, 12, 13, 14, 15, 27, 49, 52, 68

White, H. D. (2001). Authors as citers over time. *Journal of the American Society for Information Sci – ence and Technology*, 52 (2), 87 – 108. DOI: 10. 1002/ 1097 –4571(2000)9999:9999 < : :AID – ASI1542 >3. 0. CO;2 –T. 29

White, H. D. (2003a). Author cocitation analysis and Pearson ' s r. *Journal of the American Society for Information Science and Technology*, 54, 1250 – 1259. DOI: 10. 1002/asi. 10325. 46

White, H. D. (2003b) . Pathfinder networks and author cocitation analysis: A remapping of para – digmatic information scientists. *Journal of the American Society for Information Science and Technology*, 54 (5), 423 – 434. DOI: 10. 1002/asi. 10228.

White, H. D. (2004a). Replies and a correction. *Journal of the American Society for Information Science and Technology*, 55 (9), 843 – 844. DOI: 10. 1002/asi. 20032. 46

White, H. D. (2004b). Reward, persuasion, and the Sokal Hoax: A study in citation identities. *Sci – entometrics*, 60 (1), 93 – 120. DOI: 10. 1023/B: SCIE. 0000027313. 91401. 9b.

White, H. D. (2010a). *Citation analysis. Encyclopedia of Library and Information Science*, 3d. ed. New York: Taylor and Francis. 1012 –1026. 12, 14, 18, 29

White, H. D. (2010b). *Information Science: A Bibliometric Overview. Encyclopedia of*

Library and Information Science, 3d. ed. New York: Taylor and Francis. 18

White, H. D. (2011). *Scientific and scholarly networks. In The Sage Handbook of Social Network Anal – ysis*. London: Sage Publications. 271 – 285. 18

White, H. D., and Griffith, B. C. (1981). Author cocitation: A literature measure of intellectual structure. *Journal of the American Society for Information Science*, 32, 163 – 171. DOI: 10.1002/asi.4630320302. 5, 13, 33, 35, 41, 44, 47, 123, 124, 130

White, H. D., and Griffith, B. C. (1982). Authors as markers of intellectual space: Co – citation in studies of science, technology and society. *Journal of Documentation*, 38, 255 – 272. DOI: 10.1108/eb026731. 41, 42, 51, 130, 131

White, H. D., and McCain, K. W. (1989). Bibliometrics. *Annual Review of Information Science and Technology*, 24: 119 – 186. 14, 15, 23, 24, 26, 56

White, H. D., and McCain, K. W. (1998). Visualizing a discipline: An author co – citation anal – ysis of information science, 1972 – 1995. *Journal of the American Society for Informa – tion Science*, 49, 327 – 355. DOI: 10.1002/(SICI)1097 – 4571(19980401)49:4 < 327::AID – ASI4 > 3.0.CO;2 – 4. 40, 41, 42, 43, 51, 52, 53, 54, 55, 62, 70, 108, 124, 125, 130, 131

White, H. D., Buzydlowski, J., and Lin, X. (2000). Co – cited author maps as interfaces to digital libraries: Designing pathfinder networks in the humanities. *IEEE International Confer – ence on Information Visualization* (pp. 25 – 30), July 18 – 22, 2000, London, England. DOI: 10.1109/IV.2000.859732. 2

White, H. D., Lin, X., Buzydlowski, J. W., and Chen, C. M. (2004). User – controlled mapping of scientific literatures. *Proceedings of the National Academy of Sciences of the United States of America*, 101 (Supplement 1), 5297 – 5302. DOI: 10.1073/pnas.0307630100. 33, 47

White, H. D., Wellman, B., and Nazer, N. (2004). Does citation reflect social structure? Longitudi – nal evidence from the "Globenet" interdisciplinary research group. *Journal of the American Society for Information Science and Technology*, 55(2), 111 – 126. DOI: 10.1002/asi.10369.

Wilkinson, D. M. , and Huberman, B. A. (2004). A method for finding communities of related genes. *Proceedings of the National Academy of Sciences of the United States of America* 101 (Suppl. 1), 5241 – 5248. DOI: 10.1073/pnas.0307740100. 47

Winstanley, M. (1976). Who knows their DNA. *New Society*, 36(707), 192 – 193.

Youngen, G. (1997). Citation patterns of the physics preprint literature with special emphasis on the preprints available electronically, found athttp://www.physics.uiuc.edu/library/pre – print.html, 2000. DOI: 10.5062/F4XP72XZ. 97

Zhang, G. , Ding, Y. , and Milojevi, S. (2013). Citation content analysis (CCA): A framework for syntactic and semantic analysis of citation content. *Journal of the American Society for In – formation Science and Technology*, 64 (7), 1490 – 1503. DOI: 10.1002/asi.22850. 18

Zhang, Y. , Pan, Y. , and Hong, X. (2011). A brief statistical analysis of stomatology papers published in international journals by researchers from the mainland of China, based on Thomson Reuters' Journal Citation Reports for 2009. *International Journal of Oral Science*, 3 (1), 1 – 6. DOI: 10.4248/IJOS11003. 71

Zhao, D. (1990). Citation analysis of agriculture research fields in China. Master's thesis, Peking University, China. 100

Zhao, D. (1992). Citation network analysis and its methods and technical procedures. *Journal of the Chinese Society for Scientific and Technical Information*, 11(5), 381 – 388. 100

Zhao, D. (1993). Co – citation analysis: An effective method of studying the structure and character – istics of literatures and disciplines. *Journal of Information*, 12(2), 36 – 42. 100

Zhao, D. (2003). A comparative citation analysis study of Web – based and print journal – based scholarly communication in the XML research field (Doctoral dissertation, Florida State University). Retrieved from http://etd.lib.fsu.edu/theses/available/etd – 09232003 – 012028/unrestricted/

DangzhiZhao_dissertation_summer03. pdf. 21,96,97,98,100

Zhao, D. (2005a). Challenges of scholarly publications on the web to the evaluation of science: A comparison of author visibility on the web and in print journals. *Information Processing and Management*, 41(6), 1403 – 1418. DOI: 10. 1016/j. ipm. 2005. 03. 013. 66,73,96,97

Zhao, D. (2005b). Going beyond counting first authors in author co – citation analysis. Sparking Synergies: Bringing Research and Practice Together. *Proceedings of the American Society for Information Science and Technology* 2005 *Annual Meeting* (pp. 635 – 653), October 28 – No – vember 2, 2005, Charlotte, NC, USA. DOI: 10. 1002/meet. 14504201210. 36

Zhao, D. (2006a). Towards all – author co – citation analysis. *Information Processing and Management*, 42, 1578 – 1591. DOI: 10. 1016/j. ipm. 2006. 03. 022. 36, 42,66,96,97,131

Zhao, D. (2006b). Dispelling the myths behind straight citation counts. Information realities: Shaping the digital future for all. *Proceedings of the American Society for Information Sci – ence and Technology* 2006 *Annual Meeting*, November 3 – 8, 2006, Austin, TX, USA. DOI: 10. 1002/meet. 14504301194. 29

Zhao, D. (2009). Mapping library and information science: Does field delineation matter? Paper presented at the *American Society for Information Science and Technology* 2009 *Annual Meeting*, Vancouver, British Columbia, Canada. DOI: 10. 1002/meet. 2009. 1450460279. 7,17,64

Zhao, D. (2010). Characteristics and impact of grant – funded research: A case study of the library and information science field. *Scientometrics*, 84(2), 293 – 306. DOI: 10. 1007/s11192 – 010 – 0191 – y. 79

Zhao, D., and Logan, E. (2002). Citation analysis of scientific publications on the Web: A case study in XML research area. *Scientometrics*, 54, 449 – 472. DOI: 10. 1023/A:1016090601710. 15,73

Zhao, D., and Strotmann, A. (2004). Towards a problem solving environment for scholarly commu – nication research. *Proceedings of Canadian Association for*

Information Science 2004 *Annual Conference*, June 3 – 5, 2004, Winnipeg, Manitoba, Canada. 98

Zhao, D. , and Strotmann, A. (2007). All – author vs. first – author co – citation analysis of the Informa – tion Science field using Scopus. *Proceedings of the American Society for Information Science and Technology* 2007 *Annual Meeting*, October 19 – 24, 2007, Milwaukee, Wisconsin, USA. DOI: 10. 1002/meet. 1450440262. 36

Zhao, D. , and Strotmann, A. (2008a). Information science during the first decadeof the web: An enriched author co – citation analysis. *Journal of the American Society for Information Science and Technology*, 59 (6), 916 – 937. DOI: 10. 1002/asi. 20799. 5, 17, 23, 25, 26, 36, 42, 44, 47, 48, 49, 50, 53, 56, 62, 125, 126, 129, 131, 136, 139, 141

Zhao, D. , and Strotmann, A. (2008b). Evolution of research activities and intellectual influences in Information Science 1996 – 2005: Introducing author bibliographic coupling analysis. *Journal of the American Society for Information Science and Technology*, 59 (13), 2070 – 2086. DOI: 10. 1002/asi. 20910. 17, 23, 25, 26, 27, 38, 39, 44, 47, 49, 53, 54, 62, 70, 92, 129, 136, 139, 141

Zhao, D. , and Strotmann, A. (2008c). Comparing all – author and first – author co – citation anal – yses of information science. *Journal of Informetrics*, 2(3), 229 – 239. DOI: 10. 1016/j. joi. 2008. 05. 004. 17, 25, 26, 30, 44, 45, 47, 129, 136

Zhao, D. , and Strotmann, A. (2011a). Counting first, last, or all authors in citation analysis: A com – prehensive comparison in the highly collaborative stem cell research field. *Journal of the American Society for Information Science and Technology*, 62 (4), 654 – 676. DOI: 10. 1002/ asi. 21495. 30, 36, 45, 49, 61, 63, 66, 73, 84, 89, 129

Zhao, D. , and Strotmann, A. (2011b). Intellectual structure of stem cell research: A comprehensive author co – citation analysis of a highly collaborative and multidisciplinary field. *Sciento – metrics*, 87 (1), 115 – 131. DOI: 10. 1007/

s11192 –010 –0317 –2. 25,26,30,49,61,63,66,73,84,129

Zhao, D. , and Strotmann, A. (2014a). The knowledge base and research front of Information sci – ence 2006 – 2010: An author co – citation and bibliographic coupling analysis. *Journal of the Association for Information Science and Technology*, 65(5), 996 – 1006. 17,18,19,23,25,26,38,48,49,52,58,62,65,92, 128,129,130,138,141

Zhao, D. , and Strotmann, A. (2014b). In – text author citation analysis: Feasibility, benefits and limitations. *Journal of the Association for Information Science and Technology*, 65(11), 2348 –2358. DOI: 10. 1002/asi. 23107. 15,66,89,92

Zhu, X. , Turney, P. , Lemire, D. , and Vellino, A. (2014). Measuring academic influence: Not all citations are equal. *Journal of the Association for Information Science and Technology*. Early view (DOI: 10. 1002/asi. 23179). 15,91

Zitt, M. (2006). Scientometric indicators: A few challenges. Retrieved fromhttp:// eprints. rclis. org/6306/.

Zitt, M. , and Bassecoulard, E. (2006). Delineating complex scientific fields by an hybrid lexical – ci – tation method: An application to nanosciences. *Information Processing and Management* 42(6), 1513 – 1531. DOI: 10. 1016/j. ipm/2006. 03/ 016. 8,61,63,64,84